Hanjo Helmecke

Zwei Wochen mein Fahrrad und ich

Eine Sommertour 2003

800 Kilometer durch Mitteldeutschland

Zwei Wochen mein Fahrrad und ich

Autor: Hanjo Helmecke

Impressum

1. Auflage 2008

© 2008 Hanjo Helmecke

Herstellung und Verlag: Books on Demand GmbH, Norderstedt

Über Vervielfältigung, Nachdrucke
oder andere publizistische Nutzungen
verfügt allein der Autor, der sich
sämtliche Rechte vorbehält.

ISBN-13: 9783837066142

Vorwort

Es muss nicht gleich eine abenteuerliche Weltreise sein, wenn es darum geht, für eine Weile seinem Alltag zu entfliehen. Mit ein paar freien Tagen und ein wenig Kleingeld gelingt dieser Ausstieg schon ab der eigenen Haustür.

Obendrein mag es vielleicht verwundern, dass diese Tour einige Jährchen zurückliegt. Ich bestritt sie im Jahre 2003, also ein Jahr nach der großen Flut in Sachsen und Sachsen-Anhalt. Aber der Aufwand, ein Buch zu schreiben, dann die Ungewissheit auf Veröffentlichung, entmutigte mich immer wieder.

Nun jedenfalls ist es geschrieben und mit Faktoren wie Aktualität oder Zeitnähe sollte man unterhaltende Reisebücher ohnehin nicht betrachten. Vielmehr soll das Buch denen, die Ähnliches im Schilde führen, als ermutigende und unterhaltsame Lektüre dienen. Des Weiteren erhebe ich keinerlei Anspruch auf Objektivität. Denn allein der unterschiedliche Grad an Kondition bei zwei Radlern wird beispielsweise zum Streitpunkt, wenn es darum geht, einen Anstieg zu charakterisieren. Kurz gesagt, alles in diesen zwei Wochen Erlebte ist rein aus meiner Empfindung heraus geschildert. Zum Schluss der Einleitung noch der grobe Streckenverlauf in einem Satz: Von der Mitte Sachsen-Anhalts, entlang der Mulde, weiter über die Zschopau hinauf ins Erzgebirge schlug ich einen Bogen in Tschechien, um wieder über Franken, Thüringen, flussabwärts der Saale Richtung Heimat zu fahren. Wie bereits erwähnt, lag die große Flut keine zwölf Monate hinter mir; für Überraschungen war somit gesorgt.

Radtour

Endlich, am 07.06.2003, war es dann so weit. Nach einigen Wochen krampfhafter Überlegungen und intensivster Planung wartete mein bepacktes Rad endlich zum Aufsatteln. Ich selber allerdings haderte noch. War auch wirklich alles Wichtige im Gepäck? Würde das Rad, aber vor allem meine Eigenkonstruktion von Gepäckträger der Tour gewachsen sein? Beim Überlegen prüfte ich nochmals den Luftdruck. Hinten müsste noch etwas drauf; ich pumpte und überlegte erneut. Würde der Reifen diesem Überdruck überhaupt standhalten? Es ist verrückt, was einem für Gründe einfallen, doch lieber auf dem Sofa sitzen zu bleiben. Mit einem Ruck verschloss ich das Ventil und somit den Fluss aller skeptischen Gedanken, stieg auf und brachte mich und mein Vorhaben auf Tour. Und ohne auch nur eine Prise von der Freiheit zu schmecken, die in den kommenden zwei Wochen auf mich wartete, erlitt ich nur eine halbe Stunde später die erste Niederlage bereits am Bahnhof. Was für einen eingefleischten Freizeitradler ein kleines Hindernis wäre, wurde für mich fast zur Katastrophe. Für einen noch von allen Selbstzweifeln angebrannten Aussteiger auf Zeit, wie ich es war, wirkten stillgelegte Bahnsteiglifte wie Brandbeschleuniger. Eben erst alles mühselig ans Rad gezurrt, soll nun schon wieder alles ab? Ich hielt Ausschau nach Bahnpersonal. Aber hier in Aschersleben war längst alles auf Geisterbetrieb umgestellt. Mit Argwohn schaute ich zur Treppe. Danach begutachtete ich die Gepäckabteilung meines Drahtesels und schüttelte den Kopf. Sollte doch noch jemand am Fahrkartenschalter sitzen und ferngesteuert die Lifte in Betrieb nehmen können? Nur wenige Meter von mir und dem Rad entfernt entpuppten sich scheinbar wartende Bahngäste als biertrinkendes Bahnhofsinventar. Konnten diese dem Rad inklusive teurer Fotoausrüstung, während ich nach der Schalterfrau suche, gefährlich werden? Sicher nicht. Dennoch ersparte ich mir die Suche, redete mir stattdessen einen technischen Defekt, den auch die Schalterfrau nicht beheben konnte ein und ließ meiner Faulheit freien Lauf. Das Resultat war „lernen durch Schmerz". Kein zweites Mal während der Tour habe ich derart Bequemlichkeit gegen Peinlichkeit getauscht. Wie bereits zu erahnen ist, bewegte ich meinen hecklastigen Drahtesel zur Treppe. Ein letztes Mal erhielt ich von einem Gefühl, aus der Abteilung für Unsinnigkeiten, eine Sicherheitswarnung. Zu spät; die lediglich mit einer Lenkertasche beschwerte vordere Hälfte des Rades schob sich über die erste Stufe. Die zweite und dritte folgten problemlos, vielleicht auch noch die vierte. Plötzlich verflog die federnde Leichtigkeit aus dem Vorderrad. Das beladene Hinterteil des Rades schob sich ebenfalls über die erste Stufe und augenblicklich stemmte ich mich gegen die steile Bahnhofstreppe.

Was aber nun passierte, muss ausgesehen haben wie ein Rodeo für Arme. Ich riss an den Bremsen wie ein Cowboy an den Hörnern eines jungen Bullen. Das Vorderrad bäumte sich auf, als schmerze ihm der Biss durch die Bremse. Das schwere Hinterteil brach aus, der Drahtesel begann mit mir durchzugehen. Und immer wieder sprang das Vorderrad in die Luft und ich hörte das hintere Schutzblech über die Stufen schaben, denen ich mich selber gefährlich näherte. Schließlich peitschte mir ein Zurrgurt über die Nieren, welcher Schlafsack und Zelt freigab, dazu ein Knall und Gepäcktaschen inklusive diverser Kleinteile folgten. Im K.o. landete ich schließlich im Bahnsteigtunnel neben dem abgehalfterten Rad. Nur nicht so liegen bleiben, sagte ich mir und stellte mich und das Rad schleunigst hin, schabte mit den Füßen alles zusammen und hielt Ausschau nach unliebsamem Publikum. Glück gehabt, es war niemand zu sehen. Ich schniefte noch immer wie eine Kuh und der Gedanke ans Aufgeben zog wie ein Werbebanner vor meinem inneren Auge dahin. Ich schaute zur Uhr. Noch zwanzig Minuten bis zur Abfahrt und eine Treppe trennten mich von einem Unternehmen, welches mich entlang vieler Flüsse und drei Mittelgebirge hinauf sowie durch ein fremdes Land führen sollte – und ich soll hier unten kapitulieren? Unmöglich, so wollte ich nicht vor meiner Familie dastehen.

Nachdem ich nun alles, Rad extra, Gepäcktaschen extra, auch Schlafsack und Zelt extra, nach oben zum Bahnsteig geschleppt hatte, ging ich eiligst zur Schadensbegutachtung über. Der Gepäcktaschenhersteller ahnte wohl etwas von den Greenhorneigenschaften seiner Käuferschaft. Die einzigen, wie zur größeren Vorsicht mahnenden Ersatzteile: Plastikarretierungen; sie mussten nun schon am ersten Tag geopfert werden und waren somit aufgebraucht. Der Austausch verlief zügig und als wie abgemacht zur Verabschiedung Frau und Kind auf dem Bahnsteig erschienen, hatte ich jeglichen Verdacht auf das Bahnhofstreppenmalheur getilgt.

Schön brav entlud ich Rad und Ausrüstung, wieder alles einzeln, eine Stunde später auf dem Bahnhof Dessau. Hier begann die eigentliche Radtour. Zu allem Übel stellte ich fest, dass das Kabel des Fahrradcomputers das Rodeo nicht überstanden hatte. Ein Reparaturversuch nur einen Tag später scheiterte, zwar konnte ich die Kabel wieder verbinden, das Display blieb dennoch blind. Für die übrigen zwei Wochen und gute 800 Kilometer änderte sich auch nichts daran. Ob dies nun gut oder schlecht war, lässt sich nicht genau ermitteln. Im Nachhinein bin ich der Meinung, dass sich der Blick eines Tourenanfängers vielleicht zu oft auf das Display verirrt. Die Geschwindigkeit, die über Erreichen oder Nichterreichen des Tageszieles entscheidet, könnte schnell einen höheren Stellenwert gewinnen als das eigentliche Ziel: die Dinge am Weg. Wer eine gute Karte besitzt, sich noch dazu durch den Ameisenhaufen Europa strampelt, kommt zur Not auch ohne aus. Und mal ganz abgesehen davon: Diejenigen, die in einer Karte lesen wie andere im Kaffeesatz, sollten dieses Ungeschick in einer Gruppe tarnen oder sich von vornherein einem GPS-Empfänger unterwerfen; mit entsprechendem Kartenmaterial, versteht sich. Und da ich die Tour für mein Gefühl zwar gut durchgeplant hatte, jedoch das Hochwasser ein Jahr zuvor (2002) nicht als so einschneidend für meinen Streckenverlauf einschätzte, gesellte ich mich an manchen Tagen ebenfalls zu der Kaffeesatz lesenden Spezies.

Mit dem Dessauer Stadtplan auf der Lenkertasche strampelte ich zügig dem Ausgang der urbanen Zivilisation entgegen. Ich hielt Ausschau nach einem grünen Burgensymbol auf weißem Grund, welches den „Muldental-Radweg" markiert.

Damit es zu keiner Irritation kommt, sei erwähnt, dass ich den „Muldental-Radweg" entgegengesetzt der Empfehlung des ADFC-Ratgebers: „Radfernwege in Deutschland" von Hofmann und Froitzheim geradelt bin; also vom Ende zum Anfang. Und wenn ich schon bei diesem Thema bin, umreiße ich auch kurz die gesamte Strecke: Ich folgte der Mulde von Dessau bis Technitz kurz vor Döbeln, um auf dem „Zschopautal-Radweg" der Zschopau bis Oberwiesenthal nachzusteigen. Das „Nachsteigen" kann man ruhig wortwörtlich nehmen. Im Übrigen auch wieder in verkehrter Reihenfolge. Hinter der tschechischen Grenze fädelte ich mich auf dem Radfernweg „Euregio Egrensis", der mich über Karlovy Vary und Mariànskè Làznè führte, ein. Nach nur zwei Tagen führte mich dieser Weg zurück nach Deutschland und zur Nähe der Saalequelle. Fortan folgte ich, diesmal in der abgedruckten Reihenfolge, dem „Saale-Radweg" bis nördlich von Könnern und zurück nach A-schersleben. Alle genannten Routen, ausgenommen des Euregio Egrensis, entnahm ich dem oben genannten Ratgeber. Weiter sei erwähnt, die darin enthaltene Karte enthält zwar alle deutschen Radfernwege, detaillierte Auskünfte über die einzelnen Strecken sind jedoch aufgrund des Maßstabes nicht möglich. Ich kann daher nur die ebenfalls vom ADFC bereitgestellten, wirklich sehr ausführlichen Radtourenkarten empfehlen. Wer sich allerdings einem GPS-Empfänger anvertraut, muss wissen, dass das Kartenmaterial – zumindest bis 2002 gedrucktes – keine Koordinateneinteilung besitzt.

Aber zum Teufel noch mal! Selbst in der Zivilisation kann man nie auf alle Eventualitäten vorbereitet sein. Gleich nachdem ich über der ersten geschwungenen Schrägseilbrücke die Mulde in Richtung der zweiten Brücke überquerte, traf es mich. Außer einem abgeschlagenen Stumpf, welcher einmal als Brückenkopf diente, fehlte der Rest. Sollte etwa die Flut ... Fürs Erste verdrängte ich diesen Gedanken und beradelte eine parkähnliche Auenlandschaft auf einem buckligen Weg, der mich an die Höcker von Kamelen denken ließ. Meine Eigenkonstruktion von Gepäckträger hielt stand, gab aber, genau wie das Federbein, deutlich Laut. Hin und wieder entdeckte ich eingewaschene Sandflächen auf grüner Wiese, in denen Holzstämme und Gestrüpp lagerten. Verflixt, schon wieder dachte ich an die Flut. Schließlich näherte ich mich einem Grundstück mit Federball spielenden Bewohnern. Irgendwie sah es aus, als sei der Weg hier zu Ende. Und auf meine Wegerkundung hin bestätigte mir diese Vermutung ein sofort anschlagender Schäferhund. Von Herrchen und Frauchen bekam ich übrigens dieselbe Antwort, zwar nicht auf hündisch, sondern unmissverständlich auf Deutsch „Hier geht es nicht weiter. Hier ist Schluss!", mehr nicht. Ich ersparte mir eine weitere Frage; beide hatten sich anscheinend schon zu oft nach dem Federball bücken müssen.

Zurück über den Kamelhöckerweg, vorbei an der zerstörten Brücke, legte ich den ersten Nothalt ein. Nach einiger Überlegung und dem Abrufen gespeicherter Fernsehbilder aus dem Vorjahr räumte ich schließlich alle Zweifel aus dem Weg. Auch an dieser Stelle, wo ich nun stand, beseitigte ein Jahr zuvor ein Malstrom aus Wasser, Schlamm und Geröll alles, was sich ihm in den Weg gestellt hatte. Der erste Streckenabschnitt war im wahrsten Sinne des Wortes ins Wasser gefallen. Und nicht nur dieser. Einige andere folgten und das Umdisponieren der Route wurde zur Normalität. Da Asphalt besser hält als loser Schotter, blieb oftmals nur der Blick in einen ganz gewöhnlichen Straßenatlas. Und so kam es, dass ich gleich am ersten Tag statt idyllischer Fahrt, vorbei an duftendem Grün und Vogelgezwitscher, entlang einer dicht befahrenen Bundesstraße durch Qualm und Krach, meinem ersten Tagesziel entgegenschniefte. Am frühen Abend, nachdem etliche Dörfer hinter mir lagen und ich mich gut an das Ausbalancieren des hecklastigen Drahtesels gewöhnt hatte, stieß ich auf meine eigentliche Route. Zumindest glaubte ich dies. Dort fuhr ich das erste Mal ganz in Ruhe. Und mit der Aussicht, baldigst vor den Ufern des Muldenstausees Quartier zu schlagen, legte ich Müßiggang ein, schob ein wenig und hielt Rast, um meinen untrainierten Gliedern Gewohntes zu gönnen. Doch aus meinem Sundowner am See wurde nichts. Nach Bahnhofstreppenmalheur und weggespülter Brücke zielte die nächste Großoffensive auf mich ab. Nach einigen Weggabelungen und dahinter unsicher zurückgelegter Kilometer verlor ich jede Gewissheit über den Ort meines Standpunktes; ich hatte die Orientierung verloren. Und lediglich der Stand der Junisonne bewahrte mich vor einer größeren Fehlfahrt. Darüber hinaus dämmerte es bereits und die anfängliche Heidelandschaft wechselte immer öfter in dunkle Birkenbestände. Wäre die Sonne erst einmal weg, bliebe mir ein Kompass und spärliches Fahrradlicht. Nein, das willst du nicht, sagte ich mir und rollte gegen halb zehn die nächstbeste Lichtung an.

Mein „Camp" war schnell errichtet und ich steuerte einem weiteren Höhepunkt des Tages entgegen: der Inbetriebnahme des Gaskartuschenkochers. Da ich im Supermarkt Lebensmittel geramscht hatte, als beträte ich die Wüste Sahara, blieb mir an den ersten Tagen noch die Qual der Wahl. Stabklops mit roter Soße und dem Aroma abisolierter Kabel auf Reis ohne Geschmack nahm ich zu mir. Eigentlich müsste der Erzeuger dieses Magenbefüllmittels namentlich genannt werden, um das Schließen seiner Werkstore herbeizuführen; aber schließlich haben wir ja bereits genug Arbeitslose. Und da ich mir vorgenommen habe, diese zwei Wochen so autark wie nur möglich durchzukommen, verschmähte ich bis auf zwei, drei Ausnahmen auch den Rest des ausstehenden Menüangebotes nicht. Dies nur nebenbei. Schließlich brach die Nacht herein. Und erst, als ich auf dem Rücken liegend den äußerst buckligen Zeltboden unter mir spürte und mit einer Gänsehaut an eine rabiate Riesenwühlmaus dachte, begrub mich die Erschöpfung des Tages mit einer Decke aus Blei. Jeder normale Camper hätte bei diesen Unebenheiten noch einmal umgebaut; ich nicht. Das Blut in meinen Beinen schien eine Temperatur von geschätzten sechzig Grad zu halten. Mein Gesäß, ursprünglich aus zwei Teilen bestehend, war nichts weiter als windelweich geklopftes Mus mit abgeklemmten Nervenenden; feuchtwarm noch dazu. Mit löchrigem Schlaf und gelegentlichem Aufschrecken überstand ich die erste Nacht. Ein balzender Jagdfasan ersetzte mir schließlich den Wecker und weiter ging es, hinein in den zweiten Tag.

Diese erste Tagesstrecke hatte mich von Dessau bis in die Nähe von Schleiz oder vom Muldenstausee geführt. Das „oder" im vorigen Satz ist, glaube ich, die genaueste Ortsangabe.

Wie schon der Routenführer behauptet, ist die Ausschilderung der Strecke auf anhaltinischem Gebiet lückenhaft. Ich halte dies für eine Untertreibung. Allein, um am Vormittag des zweiten Tages zum Muldenstausee zu gelangen, fuhr ich zwei Strecken doppelt. Dadurch, dass einige Wege durch das Hochwasser zu diesem Zeitpunkt verschwunden waren, bin ich der Meinung, dass eine Ausschilderung oder eben Nichtausschilderung rein gar nichts an dieser Doppelfahrerei geändert hätte. Aber wie bereits zu Anfang angedeutet, erlag ich immer wieder Irrpfaden. Der Ärger über derlei Missgeschick oder einfach nur Pech hielt sich in Grenzen. Noch bis zum Anstieg ins Erzgebirge sollte ich Zeuge der Hinterlassenschaft dieser Flutkatastrophe werden. Schlaue Leute rieten mir im Nachhinein, falls es zu einer Wiederholungstat käme, zu einem „guten" GPS-Empfänger mit dazugehöriger Karte. Aber es bringt einen nicht wirklich weiter, zu wissen, wo man ist, wenn die eingezeichneten Wege gar nicht mehr existieren oder unpassierbar wurden. Mit einem „guten" Gefühl für den Weg ist man in solchen Fällen besser beraten, auch, wenn man im Kreis fährt. Im Übrigen bringt einen das Im-Kreisfahren ja wieder zu nichts anderem als zum Ausgangspunkt zurück. Optimistisch betrachtet erhält man sozusagen eine zweite Chance. Jedenfalls bog ich auf eine Art Rundweg um den See ab, um nach einigen hundert Metern unter einem steilen Hang ein Bad zu nehmen. Als ich durch Grasbüschel und piekendes Sanddorngestrüpp unten am Ufer herauskam, ersah ich in dem Hang eine Abbruchkante. Aus einigen ausgewaschenen Rillen strömte rostbraunes Wasser wie nach einem Rohrbruch und das Ufer erinnerte an einen Atlantikstrand. Neben angespülten Baumresten und Plastikkanistern lag eine Unzahl an Gestein herum, das durch die Wogen des ehemals überfüllten Sees aus der Abbruchkante gespült worden war. Aus purer Lust am Leben hielt ich respektablen Abstand zur Kante. Trotz der zur Vorsicht mahnenden Färbung des an mir vorbeifließenden Bächleins kam es zur Nassrasur und zu anschließendem Zähneputzen. Geschmacklich sei nur so viel erwähnt: Eine Kalziumquelle verzieht einem mehr das Gesicht. Und schließlich folgte das ersehnte Bad.

Beim Verlassen des wirklich sehr schönen Muldenstausees, etwa im nahen Bereich der B 100 und B 183, erblickte ich eine mehrere Hundert Meter breite Schwemmsandschneise die an die Katastrophe vom Vorjahr erinnerte. Wieder lagen große Baumreste vor freigespülten Gesteinsquadern, vielleicht Findlingen, nebst abgeknickten Strommasten. An einigen Stellen lugten Rohrleitungen und armdicke Kabelreste hervor. Und genau durch dieses ausgetrocknete Bett der Verwüstung führt die nagelneue schwarze Asphaltdecke der Bundesstraße. Dieser auf mehreren Hundert Metern neu eingesetzte Teil der Straße, der wie ein Damm über der wüsten Landschaft gezogen wurde, wirkte in seiner Surrealität bezeichnend für unser ignorantes Naturkräfteverständnis. Richtung Löbnitz radelnd, kehrte ich dem Katastrophengebiet den Rücken. Den von dort bis nach Roitzschjora führenden Muldental-Radweg bekam ich leider nicht unter die Räder. Zu dicht führte seine Spur entlang der Mulde, als dass Reste seiner Idylle noch vorhanden gewesen wären. Aber halb so schlimm. Ab Roitzschjora deutete das Kartenmaterial sowieso auf ständigen Wechsel zwischen echtem Radweg und Nebenstrecke. Als Nebenstrecken waren übrigens auch solche ausgewiesen, auf denen BMW und Audi, vorbei an Vierzigtonnern, um den ersten Platz fuhren. Aber wie gesagt, halb so schlimm. Nichts dergleichen bedrängte mich. Ganz im Gegenteil. Die Ebenheit der Strecke und die Beschaulichkeit der wie aufgefädelt aussehenden Dörfchen sorgten für geruhsames Pedalieren und gute Laune. Noch mehr Muße hingegen entdeckte ich bei mehreren Adebaren auf toten Schornsteinköpfen. Die Bevölkerungsdichte dieser auf Lufttransport spezialisierten Säuglingsbeschaffer dürfte in dieser Gegend für erhöhtes Kinderwagenaufkommen sorgen. In einem Dorf saßen sich sogar zwei solcher hochstieliger Familienplanungsbüros gegenüber.

In Eilenburg trübte sich alles ein wenig ein. Jedoch hingen nicht Wolken vom Himmel, sondern Schilder standen als dichter Wald. Das immer wieder darin versteckte Burgensymbol, die Markierung meines Weges, fand ich nun öfter als zuvor. Und Dank einer wirklich sehr humorvollen Umleitung fuhr ich an allen zweimal vorbei. Kurzärger, gepaart mit Schlingerfahrt erzeugendem Kopfschütteln, war meine Reaktion darauf.

Stunden danach, ich steuerte entlang an Dämmen durch eine ansehnliche Auenlandschaft Richtung Wurzen, malte der heiße Tag nun wirklich erste Wolken an den Himmel. Nach der prallen Sonne und einigen Leistungstiefs, die mich dann doch heimsuchten, kämen ein paar Tröpfchen sehr gelegen. Und sicher nicht nur mir. Die offene Landschaft mit ihren malerischen Feldern war eine weit geöffnete Kornkammer auf jetzt knochentrocknem Boden. Und wie schon zu erahnen, standen die trockenen Ären im Stoßgebet und wurden erhört; hinter mir am Horizont ging ein schwarzes Etwas auf. Unter elysischem Artilleriefeuer wuchs es in kürzester Zeit über den halben Himmel. Immer wieder zuckten Blitze im Inneren, als platzten riesige Studiolampen. Die Vorstellung, was beim Öffnen der Bombenschächte dieses Ungeheuer über mir mit dem Feldweg unter mir anstellen würde, ganz zu schweigen von meiner Wenigkeit, wirkte auf mich wie ein anschlagendes Dopingmittel. Wurzen kam schaukelnd näher und fast gleichzeitig brach das Unwetter herein. Für Stunden bot eine Wegtafel am Stadtrand, mit vielleicht zu beiden Seiten sechzig Zentimeter Überdachung, den einzigen Schutz. Meine Unterschenkel und Knie allerdings lugten unter der Wegtafel hervor, wurden nach diesem Spurt sozusagen zwangsgekühlt. Hier graulte mir das erste Mal vor den immer stärker werdenden Anstiegen später im Erzgebirge. Hinzu erschwerten die allgegenwärtige Nässe und die Tatsache, Wurzen unmöglich noch an diesem Tage hinter mir lassen zu können, einen Rückruf an guter Laune. Kurz gesagt, ich hätte das erste Mal abbrechen können.

Irgendwann, es war bereits dunkel und vom Regen nur so viel übrig wie davon in den Bäumen hing, fuhr ich ein

Stück weiter. Nur hundert Meter von meinem schmalen Unterstand, vor dem Ufer eines quakenden Tümpels, in dessen Dunst der Geruch von altem Fisch schwelgte, lud eine nasse Wiese zum Camping ein. Im Schein des Handstrahlers schlug ich mein Zelt auf. Die abtropfenden Bäume und der Ekel erregende Geruch dieses Modertopfes drückten mir zusätzlich auf die Moral. Und da die Gepäcktaschen unterhalb der Wandtafel genau wie meine Beine am Unwetter teilgenommen hatten, fand ich noch etwas davon in den Handtüchern und der Unterwäsche. Alles war klamm. Jetzt in der kühlen, feuchten Nacht etwas trocken zu bekommen, hielt ich für aussichtslos. Dennoch hängte ich wenigstens die Handtücher am Rad auf, auch wenn sie dadurch Gefahr liefen, den Geruch der Umgebung abzuspeichern. Natürlich wurden sie nicht trocken. Mein Appetit jedenfalls konnte sich gegen all diese Unzulänglichkeiten an diesem Abend nicht mehr durchsetzen. Einzig der Schlafsack im gummierten Stausack, ganz trocken und behaglich, konnte das letzte Bedürfnis des Tages befriedigen, schlafen.

Die Strecke am nächsten Tag ließ die Ungemütlichkeit des Vorabends schnell vergessen. Mit klammen Handtüchern über beiden Gepäcktaschen setzte ich meine Fahrt Richtung Grimma fort. Von den drei bisherigen Tagen sollte diese Strecke die beste werden und dies, obwohl mir meine Faulheit einmal mehr zur Strafe werden sollte.

Angekommen in Grimma zeugten überall dunkle Ränder an Häusern von dem immens hohen Wasserstand des letzten Augustes. Allein der Rathausplatz schien abgesehen von wenigen Stellen, wieder instand gesetzt. Eine stählerne, fünf Meter über der Mulde schwebende Hängebrücke war völlig verbogen. Die Pöppelmann-Brücke wurde dagegen von der Flut gänzlich entzwei. Die Schäden waren so groß, dass der Mittelteil ganz abgerissen werden musste. Und wer es nicht weiß: Die Mulde ist der Fluss mit der größten

Fließgeschwindigkeit Mitteleuropas. Dies führte dazu, dass Grimma in nur fünf Stunden randvoll lief.

Wieder implantierte sich bei mir ein starker Eindruck über die Macht des Wassers. Gedankenverloren, auf ebener Strecke radelnd, verdödelte ich einen wichtigen Abbiegepunkt. Anstatt bei Sernuth vor Colditz links der Freiberger Mulde zu folgen, passierte ich Colditz und war damit weit über mein Ziel hinausgeschossen. Mein ursprünglicher Plan, der Freiberger-Mulde bis kurz vor Döbeln zu folgen, um der dort mündenden Zschopau hoch ins Erzgebirge nachzusteigen, war geplatzt. Ich ärgerte mich; gute fünfzehn bis zwanzig Kilometer der urigen Zschopau hatte ich verloren, war stattdessen der Zwickauer Mulde gefolgt. Nach dem notwendigen Kartenhalt schlug ich einen Weg ein, der die Zwickauer Mulde ziemlich direkt mit der Zschopau verbindet. Gleichzeitig war dies der Antritt meiner Strafe. Die Serpentine von Kralapp nach Rüx hinauf rächte sich mit steilem Anstieg. Mit Treten war nichts mehr zu machen. Ich war völlig kaputt. Und als wäre dies nicht Strafe genug, fing ich mir irgendwo zwischen Rüx und Reinsdorf einen Nachschlag ein. Zwischen den weit geöffneten Pforten eines gemütlichen Bauernhofes winkte mir der Schwanz einer lustig aussehenden Promenadenmischung zu. Nur hielt dummerweise das nette Kerlchen nicht die Klappe dabei. Und nach zwei freundlichen Wuff-Wuffs kam ein ganz anders gestrickter um die Ecke. Dessen Ohren standen spitz nach oben und der wedelnde Schwanz wurde vermeintlich zum Propellerantrieb. Sofort nach seinem Start geriet der Beißer in Schräglage und nahm die Verfolgung auf. Ich hatte etwas Vorsprung und schickte sofort ein Notsignal an meine ermüdeten Oberschenkel. Die Leistungsanforderung kam prompt. Ich trat in die Kurbeln, dass ich dabei an eine hubraumstarke Zweizylindermaschine denken musste. Schnell hatte ich alle Gänge durchgeackert und bewegte mich mit Höchstgeschwindigkeit über das Straßenband. Der Beißer war nicht von schlechten Eltern und nur noch zwei Schnürsenkellängen von mir entfernt. Immer öfter hörte ich neben seinem Kläffen das dumpfe Zuschnappen seiner Schnauze. Würde er noch den letzten Meter aufholen und mich zu fassen kriegen, gäbe dies einen Überschlag mit anschließender Eingipsung sämtlicher Glieder. Wahrscheinlich dachte der Beißer aber an dieselbe steif machende Behandlung und galoppierte nach zwei-, dreihundert Metern aus. Während ich dann auch ausrollte, verschwand sein Kläffen in der Ferne. Ein Jogger, den der Beißer womöglich ebenfalls zum Hetzen animiert hätte, wäre verloren gewesen.

Von Reinsdorf rollerte ich schließlich und endlich wieder talwärts, der Zschopau entgegen. Der schmerzliche Spagat zwischen Zwickauer Mulde und Zschopau fand südlich von Waldheim sein Ende. Aber dies ist im Nachhinein betrachtet relativ zu sehen. Ab der Zschopau ging es richtig los. Der Tourenführer „Radfernwege in Deutschland" bringt es auf den Punkt: „Die Strecke stellt höhere Ansprüche an Kondition und Sportlichkeit." Also nichts für mich? Der Ratgeber droht mit Anstiegen von bis zu zwanzig Prozent. Übersetzt heißt dies, auf hundert Meter Weg zwanzig Meter Höhe zu erklimmen. Bildlich ausgedrückt nur so viel dazu: Sprach ich bei der Serpentine vor Rüx von „steilem Anstieg", bewerte ich die Strecke von Waldheim nach Kriebstein als Klettertour. Um es noch deutlicher auszudrücken: Der asphaltierte Weg ist so steil, dass ich das Gefühl hatte, ein Bungeeseil straffziehen zu müssen. Dies alles wurde noch durch viele nicht einzusehende Kurven erschwert. Ich schuftete mich von einer Kurvenausbuchtung zur nächsten, immer in der Hoffnung, in diesem Moment freie Bahn zu haben. Hinzu kam, dass wenn ich die Hinterradbremse zog, um nicht von meinem hecklastigen Drahtesel in die Tiefe gerissen zu werden, sich das Vorderrad aufbäumte. Der Vorderteil hob sich derart leicht nach oben, als gelte für diesen Teil des Rades die Schwerkraft nicht. Der Gedanke an heranrasende Motorräder sensibilisierte meine Ohrmuscheln zudem in außerordentlichem Maße, was wiederum Energie kostete. Einmal auf der schiefen Ebene, legte sich der Drahtesel auf die Seite. Ihn so wie er dort lag von der Straße zu zerren, war weniger anstrengend, als ihn mit dem Gummiseil im Rücken wieder aufzurichten. Aus einer Kurvenausbuchtung gar, traute ich mich wegen gefährlicher Muskelermüdung für viele, viele Minuten nicht heraus. Ich bin mir ziemlich sicher: Nur Hardliner der Pedalistik – und auch diese nur ohne Ballast – bleiben auf dieser Strecke in ihrem Sattel.

Nach all der Anstrengung des Tages erklärte ich den Campingplatz an der Kriebsteintalsperre zum Etappenziel. In der Holzbude, welche als Rezeption diente, war der Feierabend längst eingezogen. Auch nicht schlecht, dachte ich und hoffte, dass das Campingplatzrestaurant unter anderem Betreiber stünde. Wiewohl, es lud noch Gäste ein, ganze dreißig Minuten. Die nette Kellnerin, bereits damit beschäftigt, sämtliche Stühle auf den Tisch zu stellen, benannte mir das letzte noch zu habende Gericht des Tages, „Schnitzel mit Pommes". Ich willigte ein und rief ihr beim Verabschieden in Richtung Küche noch den Wunsch nach einem großen Bier hinterher. Letzteres kam als erstes; zum Glück, so gab es vielleicht noch Zeit für ein zweites. Das „vielleicht" kann gestrichen werden. Das Essen und die zwei Biere waren der geglückte Preis für einen harten Kampftag. Die kellnernde Preisverleiherin mahnte sogar zum ausgiebigen Genuss des Preises: „Da Sie sowieso draußen auf der Terrasse sitzen, können Sie ja gehen, wann Sie wollen, und das Geschirr klaut niemand." Wunderbar! Das Sitzen auf dem harten Holzstuhl erlebte ich durch den langsam, aber beständig einwirkenden Alkohol als reine Wohltat. Das sich nun einstellende leichte Rauschen im Mittelohr, dazu die Taubheit vom Gesäß her, verzauberten meine bleischwer gewordenen Beine in nicht viel mehr als eine taube Prothese.

Irgendwann, als sich die Dämmerung bereits näher bei der Nacht als beim Tag befand, der Nebel aus meinem Schädel verschwunden war und meine Beine verkatert aufwachten, beendete ich schließlich meinen Restaurantausflug. Ich verließ die Terrasse, errichtete mein Zelt und schlief in der Geborgenheit dieser 39 € teuren Sicherheitszone sofort ein.

Am nächsten Morgen, gleich nach Gaskartuschenkaffee und Tubenmarmelade auf Zwieback, unternahm ich eine Besichtigung der Waschräume. Soweit schien alles in Ordnung. Trägt man allerdings den Gedanken in sich, hier einen Waschtag einzulegen, sollte ein Spülbeckenstopfen mit im Gepäck sein. Und wer Warmduscher ist, muss vor der Entkleidung an der Rezeption Kleingeld in Chips verwandeln lassen. Erst nach deren Einwurf bekommt das eiskalte Wasser der Kriebsteintalsperre eine thermische Nachbehandlung.

Ich war bereits nackt, als ich das Scheppern sich nähernder Zinkeimer hörte. Der Sprung hinter den Duschvorhang erfolgte als automatischer Vorgang. Eine Sekunde später knallten die ersten Schrubber und Eimer auf den Fliesenboden. Zwischen klatschenden Wischlappen vernahm ich Gemurre und Gegacker. Um weiteren irrelevanten Spekulationen über „das da hinter dem Vorhang", also mich, vorzubeugen, öffnete ich die Schleusen. Schmerz in eiskalter, flüssiger Form schüttete sich über meinen Körper. Der Schock ließ mich nach Luft schnappen. Dusche aus. Geruhsames durchatmen. War ich überall nass? Nein, noch mal. Schließlich, nach etlichem an und aus und gleichmäßigem Seifenschaumverrieb, konnte ich die Tortur beenden.

Frisch geduscht und mit geölter Kette steuerte ich, ohne mich großartig umzusehen, an dem erneut leer stehenden Rezeptionshäuschen vorbei. Kurz hinter Höfchen tappte ich erneut in eine Falle. Ich folgte einem grünen Schild Richtung Tanneberg, Lauenhain. Es ging über Stock und Stein durch einen Wald. An einem schmalen, abwärts führenden Pfad verlor ich kurz die Kontrolle über das Rad. Der lose Grund unter den Rädern machte jegliche Bremswirkung zunichte. Erst ein quer auf dem Weg liegender Baum stoppte meinen Abgang – sanft, zum Glück. Ein Vorbeikommen war so gut wie unmöglich. Links davon behinderte dessen ausgerissene Riesenwurzel ein Durchkommen und rechts davon ging es steil nach unten. Ich überlegte nicht lange, ließ das Rad dort, wo es war, überwand den Baum und folgte etwa fünfzig Meter dem Weg. Schon nach den ersten zehn wartete die nächste Schikane. Der Pfad war wie abgeschlagen und erst nach einer meterbreiten Spalte führte er weiter. Und dann wieder größeres Astwerk. Unmöglich hier weiterzukommen; ich ging zurück. Erst nachdem ich das Rad einige Meter rückwärts gewuchtet hatte, erschien mir eine Stelle sicher genug, um es zu drehen. Irgendwie musste ich dabei ungünstig gegen die Packtaschen gekommen sein und es löste sich eine unter der Abdeckung liegende Wasserflasche auf Nimmerwiedersehen. Also wer mal in dieser Gegend kurz vorm Verdursten ist, in einem Wald hinter Höfchen ...

Um durch die Themen Wasser, Proviant, Wäsche und so weiter nicht von dem Streckenverlauf und den Erlebnissen abzulenken, habe ich diesem Thema zum Schluss, in einem kleinen Resümee, Platz eingeräumt.

Nachdem ich den Wald hinter mir gelassen, mir die Muskeln weichgelaufen hatte, hoffte ich nur noch, den Weg zurück zur asphaltierten Straße nicht zu bereuen. Mir war klar dass ich an diesem Tag nicht mehr allzu viel schaffen würde. Und der Gedanke an die noch ausstehenden kräftezehrenden Anstiege machte mich leicht lethargisch. Andererseits hatte auch ein kleiner Soldat namens Stolz von mir Besitz ergriffen. Dass ich ohne Training überhaupt so weit gekommen war, war fast ein Wunder. Aber ich wollte „Stolz" nicht gegen Vernunft kämpfen lassen und hielt an dem Plan fest, wenigstens Oberwiesenthal mit dem Zug zu erreichen. Klar, Oberwiesenthal ist von Höfchen noch weit entfernt, aber um es auf 1200 Höhenmeter zu schaffen, sind lange Steigungen vonnöten. Wenngleich die zu erwartenden Anstrengungen einen schon in Gedanken quälten. Aus diesem Grund sollte ein gemütliches Dampfross meinen Drahtesel und mich aufnehmen, uns verschnaufen lassen und vorbei an der Herrlichkeit des Erzgebirges bergauf tragen. Gekommen ist es natürlich wieder einmal ganz anders.

Hinter Mittweida begann einer der schönsten Abschnitte entlang der Zschopau. Einige Strecken waren so eng, dass ich nur mit Mühe und Not nicht an Büschen oder Geländern hängen blieb. An einer sehr steilen Steintreppe musste ich absatteln. Im Übrigen, je öfters ich dies machte, umso weniger grämte ich mich davor. Diese Gelassenheit hätte ich mir vom ersten Tag an gewünscht. Darüber hinaus wartete der Waldweg stellenweise wieder mit steilen Abschnitten auf, auf denen das Rad geschoben werden musste. An anderen Stellen sorgte Schwemmsand für schwammiges Fahrverhalten. Schon eigenartig, Schwemmsand mitten im Wald? Ach, halt mal; die Zschopau ist doch gleich nebenan – daher der Schwemmsand. An einem bunkerähnlichen Bauwerk, nicht weit vom Ufer, hielt ich an. Der Aufbau erinnerte an eine alte Geschützstellung, gemauert wie ein U, und war von einer hellgrünen Moosschicht bedeckt. Nicht weit davon führte ein Stollen in den Berg. Eine schmale Schiene, sicher gedacht für Hunte oder Loren, verschwand unter einem massiven Tor im Berg. Als ich der Schiene auf den paar Metern zum Tor folgte (es ging leicht abwärts), wurde es Schritt für Schritt kälter; etwas Unheimliches war an dem Ort. Nach kurzer Weiterfahrt genehmigte ich mir ein Bad in der flachen, recht warmen Zschopau. Die anhaltende Hitze der letzten Tage hatte mittlerweile sogar hoch gelegene Fließgewässer erwärmt. Dass diese Hitze noch bis in den August anhalten und für Fischsterben in den

Flüssen sorgen sollte, sogar in Talsperren die Wasserknappheit für noch viele Monate garantieren sollte, konnte ich nicht ahnen.

In Erdmannsdorf stand ich wieder kurz davor, eine Ehrenrunde zu drehen. Es war verflixt. Da ich von Norden Richtung Süden fuhr und die Karte vor mir auf der Lenkertasche immer von Süden Richtung Norden zeigend lag, kam ich mir also immer selbst entgegen. Es war wie beim Blick in den Spiegel. Las ich rechtsherum, hieß dies linksherum. Diejenigen unter uns, welche mit Spiegeln arbeiten müssen, zum Beispiel Zahnärzte und Schweißer, um nur zwei Gruppen zu nennen, kennen das Problem: links denken, rechts handeln. Und aus eigener Erfahrung heraus kann ich sagen, dass Schweißen ein langwierig zu erlernendes Handwerk ist und Spiegelschweißen die Beherrschung einer Kunst bedeutet. Ich selber beherrsche diese Kunst nicht. Um es auf den Punkt zu bringen: Unser Gehirn ist bei vorgehaltenem Spiegel vermutlich nicht mehr wert als das eines Huhns oder Wellensittichs; nur schwer akzeptiert es das andere und doch gleiche darin, in unserem Fall die Richtung. Aber wie gesagt, diesmal stand ich ja nur kurz davor und akzeptierte nach kurzweiliger Skepsis, dass links nicht links, sondern rechts ist; wie einfach.

Es war spät. Weiterfahren nach 20 Uhr ergibt wenig Sinn, es sei denn, man radelt gerade durch das Zentrum einer Stadt, aus der man raus will oder entlang kurviger Leitplanken. Die nächstbeste Gelegenheit zum Wildcamping ist um diese Uhrzeit möglichst anzunehmen. Noch fast in Erdmannsdorf, aber schon halb im Wald fand ich ein idyllisches Plätzchen am Ufer der Zschopau. Auch hier schien der Pegel im vorigen Jahr wesentlich höher gewesen zu sein. Der quirlige Fluss nahm eine Biegung ganz nahe bei mir. Als ich hinunterstieg, kam ich schnell zu dem Schluss, dass diese Biegung eine machtvolle Bearbeitung erfahren hatte. Zehn Schritte vom Zelt, zirka vier Meter über dem Fluss, schwebte das unterspülte Ufer in der Luft. Allein das imposante Wurzelwerk einiger Kiefern umklammerte die Reste des Waldbodens über mir. Dünne Wurzeltriebe hingen als knochige Gewölle frei in der Luft, um irgendwann abzufallen.

Ich zog die Sandalen aus und genoss ein erquickendes Fußbad. Stehen musste ich dabei nicht. Nicht nur an dieser Stelle, sondern fast überall im Bett und an den Rändern der Zschopau sorgen zentnerschwere Steinbrocken für ausreichend Sitzgelegenheiten. An einigen Stellen fühlt man sich um diese Jahreszeit wie am Amazonas. Im Winter an den gleichen Stellen vielleicht wie am Yukon. Ich hatte jedenfalls eine Amazonasstelle gefunden. Die Geräusche der frühsommerlichen Abenddämmerung wurden durch das tausendfache Summen eines um mich schwebenden Mückenballons begleitet. Egal, wo ich auch hinlief, die Mücken blieben mir treu. Ich erwischte mich sogar dabei, wie ich, schlechten Gedanken folgend, meine Frau herbeiwünschte. An ihr drängeln sich die Mücken wie an einer Frontscheibe bei Tempo 100. Ich schämte mich sogleich für diesen gemeinen Wunsch; fünf, sechs Mücken gleichzeitig bestraften mich dafür. Kurz bevor ich fluchtartig das Wasser verlies, zischte etwas durch meine Waden. Ich stampfte weiter; wieder zischte es an mir vorbei, diesmal auf der Wasseroberfläche fast auf einem Stein landend. Nach kurzem Versteckspiel flüchtete sich das Fischlein durch eine schmale Rinne in ein isoliertes kleines Wasserbecken. Schließlich, vom Jagdfieber gepackt, die Blutsaugerattacken vergessend, bekam ich den schlüpfrigen Strolch zwischen die Finger. Um es gleich vorwegzunehmen, ich bin alles andere als ein Fischexperte. Die wenigen, die ich kenne, erwarben sich ihren Bekanntheitsgrad durch Wohlgeschmack in verschiedensten Gerichten. Welse gehören nicht dazu. Dennoch möchte ich behaupten, einen sprottengroßen Jungwels in der Hand gehalten zu haben. Die Barteln, typisches Merkmal bei dieser Spezies, freilich auch bei anderen, waren deutlich ausgeprägt.

Oben am Zelt merkte ich, dass ich nicht ganz allein war. Zirka fünfzig Meter weiter peitschten in unregelmäßigen Abständen Angelruten über der Zschopau.

Wenn man sich an den idyllischsten Stellen alleine wähnt, sich jemanden, vielleicht seine Liebste, herbeiwünscht – auf den deutschen Angler ist Verlass.

Als sich der Vorhang der Nacht über den Wald warf, entdeckte ich funkelnde Punkte darin. Außer drolligen Jungfischchen und einsamen Petrijüngern schien es hier noch mehr zu geben. Zuerst glaubte ich an eine Überstrapazierung der Augen. In etwa so, als wenn es in den Augen blitzt, weil man an einem schlechten Tag zu schnell aus dem Bett gesprungen ist. Leuchtete ich mit dem Strahler zwischen die mich umgebenden Bäume, logisch, sah ich nichts. Ach, ich Dummer, was, wenn es Glühwürmchen sind? Das Aufblitzen der lustwandelnden Irrlichter wäre in einem Märchenfilm naiver nicht nachzustellen. In diesem Fall muss ich dazu noch erwähnen, weil die meisten es vielleicht anders erwarten: Es sind die Damen, die sich derer Art des Baggerns bedienen.

Das Erwachen am nächsten Morgen besaß alles, was ein unter Lawinen Verschütteter benötigte. Das Kläffen eines Hundes versetzte den Zelteingang in Schwingung wie das Fell einer bespielten Pauke. Das Pfefferspray fand wie von selbst in meine Hand. Die Töle, die genau so groß war wie mein kleines, zurzeit aufgeklärtes Tarnzelt, machte Sitz. Durch den siebartigen Mückenschutz, mehr hatte ich nicht davor, sah ich den Hund genau. Zur gleichen Zeit, als ich mir die Frage stellte, ob auch er mich sah, gab Herrchen einen Pfiff und die Töle trollte sich. Lärmend zogen beide von dannen, die Ruhe im Wald zum Trümmerhaufen gekläfft. Später am Tag kam es zu einer weiteren Begegnung der vierpföten Art. Diesmal zwar glimpflich, aber na ja. Mein Vertrauen zum angeblich besten Freund des Menschen saß nie besonders tief, nun war es ganz raus. Wo es einen auch hintreibt, gekläfft wird fast überall – oftmals auch für Herrchen stellvertretend; ihr armen Hunde.

Während die morgendliche Junisonne bereits für angenehme Wärme sorgte und der Gaskocher sich um das Kaffeewasser kümmerte, bereitete ich den nächsten Ausrüstungstest vor. Endlich kam die Zeit der Solardusche. Von spottenden Kopfschüttlern weit und breit nichts zu sehen, schnappte ich den schwarzen Gummibeutel und balancierte hinab zum Ufer. Schon das Befüllen erforderte etwas Übung. Der Gummibeutel, flach wie ein im Baumarkt gefalteter Fahrradschlauch, wahrte Haltung. Aufpusten, dachte ich. Umsonst, dass Wasser legte die Beutelwände sogleich wieder an. Aber dann fiel der Groschen. Besonnenheit heißt die technische Bezeichnung der Beutelbefüllöffnung; runterdrücken und warten. Erst langsam, dann immer schneller bekam der Gummibeutel einen Bauch. Prallvoll mit sechs Litern bekam ich ihn allerdings nicht. Aber selbst wenn, einen Teil davon hätte ich ohnehin wieder ablassen müssen. Denn Astwerk mit der Tragkraft von sechs Kilogramm befand sich erst in einer bestimmten Höhe, außerhalb meiner Reichweite. Dies war wieder typisch, mitten im Wald findet man den Wald vor lauter usw. Schon sich die geschätzten vier Liter über den Kopf zu hängen, war nicht ganz einfach. Aber dennoch: Irgendwann, halb gebückt, weil der dürre Ausleger demnächst das Letzte machte, gelang mir meine Hygienisierung. Halb eingeseift und leicht verfroren wegen des kühlen Nasses fiel mir wieder der eigentliche Nutzen dieses schwarzen Gummibeutels ein: Absorbierung des Sonnenlichts. Ich hatte wegen der noch immer lodernden Alltagshektik in mir das Wichtigste, das Aufheizen der Solardusche, vermasselt. Na wenn schon, wenigstens sprang ein Gewinn an Zeit für mich heraus. Diese Zeit war auch unbedingt vonnöten. Eine Zecke, aufgeblasen wie eine verkümmerte Johannisbeere, fand ich an meiner berührungsunfreundlichsten Stelle, dem Bauchnabel. Beschreiben werde ich diesen operativen Selbsteingriff nicht. Nur so viel: Ekel und Gänsehaut waren in dieser Minute die treuesten Assistenten.

Mittlerweile hatte ich gut die Hälfte meiner Zeit verbraucht. Es war der 13.06.2003, seit sechs Tagen saß ich bereits im Sattel. Die anfänglichen Schmerzen in den Oberschenkeln waren verschwunden; das Treten war längst zur Routine geworden. An diesem Tag schoss ich über mein Ziel hinaus. Die Strecke von Erdmannsdorf bis Annaberg Buchholz lag nicht im Plan. Ursprünglich sah ich in meinem Streckenplan vor, von Wiesa aus mit dem Zug Oberwiesenthal zu erreichen. Die ganze Anstrengung des Tages, nur wegen des kleinen Ortes Wiesa, erwies sich als nutzlos. Auch die schöne Streckenführung konnte mich nicht trösten. Erst ab Mitte Juli sollten die Züge wieder fahren. Dabei hatte ich es mir absolut in den Kopf gesetzt, dampfend auf dem Scheitelpunkt des Erzgebirges anzukommen. Selbst eine erneute Ehrenrunde zuvor in Witzschdorf konnte mich nicht ärgern. Dabei ist Ehrenrunde noch geschmeichelt, Irrpfad wäre treffender. Ich kraxelte unter größten Anstrengungen einen steilen Hügel durch einen Wald hinauf und landete auf einer schrägen Wiese vor einem Abhang. Es dauerte nicht lange und jemand schniefte hinter mir. Was für ein Zufall. Ein weiterer Irrer – dieser allerdings mit Null-Gepäck – hatte sich auf demselben Weg verlaufen. Schniefend kam es zum Smalltalk. Über was genau weiß ich nicht mehr. Nur eines hatte ich nicht vergessen: Der andere Irre versicherte mir, dass die Abfahrt von Oberwiesenthal 25 km betragen soll – war das nicht ein lohnendes Ziel? Andererseits bedeutete eine Abfahrt auch gleichzeitig einen erneuten Anstieg. Irgendwann kamen wir beide jedenfalls ziemlich breitgeschlagen aus dem Wald und auf meine Frage „Wie geht's weiter nach Wiesa?" deutete er nach rechts auf eine sehr abschüssige Straße. Wir verabschiedeten uns. Die Abfahrt brachte mir ausreichend Kühlung und, wie bereits zuvor angedeutet, die Erkenntnis, dass alle Anstrengung umsonst geschah. In rauschendem Tempo passierte ich meine Einstiegsschneise in den steilen Waldhang von vor zwei Stunden. Ich zeigte mir selber einen Vogel und wollte gar nicht mehr aufhören, zu lachen. Da ich aber nicht nur über meine Irrwege berichten möchte, verkneife ich es mir, über selbiges im wunderschönen Wolkenstein zu schreiben. Dieser Tag hatte es also wirklich in sich. Schließlich, irgendwann am Nachmittag angekommen in Wiesa, nahm ich Kenntnis von dem bereits Erwähnten. Der Bahnhof zeigte sich verriegelt und menschenleer. „Da müssen Sie im Juli wiederkommen!" wurde mir mehrfach von Wiesaern versichert. Ein Nothalt fiel aus, ich stand ja schon. Wie nun weiter? Annaberg Buchholz war nicht weit weg, dafür aber ungefähr 300 Meter höher. Ich drehte eine Runde durch Wiesa – wieso, weiß ich nicht genau. Sicher aus demselben Grund, weshalb ein Zoolöwe ewig und drei Tage vor seinem Gitter hin- und herläuft in der Hoffnung, die Gitterstäbe bögen sich von alleine auseinander. Der Abgesang über meine Zugfahrt entlang einer von Erzgestein glitzernden Bahntrasse konnte bitterer nicht sein. Es nützte nichts, ich nahm Annaberg Buchholz in Angriff.

Ungefähr eine Stunde vor Sonnenuntergang passierte ich den Ortseingang. Auf einem Parkplatz nahe einem Krankenhaus machte ich kurz Rast, um mich von der Echtheit des goldgelben Sonnenlichtes, welches weit drüben auf einem Hügel die Stadt bestrahlte, zu überzeugen. Ich bezweifele, dass es schon die geringe Höhe machte, dass die Luft sauberer, das Licht klarer war. Tatsächlich sah es aus, als fließe dünner Bienenhonig über die Fassaden der Häuser. Ungefähr nahe dem Ortskern fand ich eine Pension – ziemlich schnell sogar – mit Radfahrerrabatt. Ich zögerte nicht lange. Auf einer Wiese vorm Plattenbau wollte ich keinesfalls übernachten und der nächste Campingplatz war Kilometer entfernt. Außerdem täte ein richtiges Bett auch mal wieder gut. Die Aufnahmeprozedur verlief ungewöhnlich schnell, auch der Preis war in Ordnung. Ich duschte, machte mich ausgehtauglich und spazierte schräg über die Straße in eine Pizzeria. Was für ein Tagesausklang.

Am nächsten Morgen, in etwa gegen 8:30 Uhr, fand ich mich bei der erstbesten Bushaltestelle ein. Schon am Abend zuvor, nach meinem Pizzaausflug, hatte ich Ausschau nach einer oberwiesenthaltauglichen Bushaltestelle gehalten. Und die gab es reichlich. Ohnehin war es von Anfang an geplant, diesen Ort unter Fremdeinwirkung zu erreichen. Also wenn schon nicht mit der Bahn, so doch mit dem Schienenersatzverkehr, dem Bus. Der maulige, vollbärtige Busfahrer, mit dessen Kopfschütteln ich beim Einschieben meines Rades rechnete, entpuppte sich als äußerst hübsches junges Fräulein mit großem Herz. Sie zog das Rad, ich schob das Rad. Ich war glücklich; auch beim Aussteigen half sie mir; im Übrigen war sie eine Meisterin in den Kurven.

Lange hielt es mich nicht in Oberwiesenthal. Weder die Skilifte lockten – schließlich war Sommer – noch die Souvenirläden. Ich kurbelte mich noch einige Höhenmeter aus dem Ort heraus, um mich in relativ entspannter Fahrt dem Grenzübergang zu nähern. Dort angekommen, empfing mich weitere Freundlichkeit in Form eines Grenzbeamten. Sein Interesse galt weniger meinem Pass als vielmehr meinem Woher und Wohin. Zugegeben, das erste Mal fühlte ich mich wie ein Globetrotter. Der Beamte ließ einen Staunemann raushängen, dass man leicht glauben konnte, er habe nie seinen Geburtsort verlassen. „In Ihrem Auto könnten Sie die Strecke sicher an einem Tag schaffen", versicherte ich ihm. Daraufhin schaute er mich verdutzt an und wünschte gute Weiterfahrt. Die gab es, aber nur kurz. Gleich hinter den tschechischen Kontrolleuren, denen ich völlig egal war, wechselte ich an einer Pappbude Euros in Kronen. Es gab übrigens mehrere solcher Wechselbuden.

Vor jeder dieser Buden präsentierten hübsche Damen ihre aufreizende Garderobe. Zuerst dachte ich an Bordstein- schwalben. Irrtum, jede dieser Damen gehörte zu einer Bude und war mit einer Wechselvollmacht ausgestattet. Sicher werden an manchen Tagen alle Wechselbuden über- laufen sein, an diesem Tage und um diese Uhrzeit jeden- falls war ich der Einzige. Nun wartete die eigentliche Ab- fahrt auf mich. Gut durchgeschwitzt gab ich noch mal richtig Gas, um schließlich kilometerlang nur noch zu rol- len. Nach ganzen acht Kilometern Abfahrt rollte ich aber schon in Ostrov ein. Unbedingt wollte ich prüfen, ob die eingetauschten Kronen funktionierten und bunkerte in ei- nem von Vietnamesen betriebenen Laden zwei 1,5-Liter- Flaschen Wasser. Das Geld funktionierte, war aber noch weniger Wert als der Euro. Während ich die ersten Eindrü- cke des Auslandes stehend auf meinen Beinen vorm Laden verbrachte, fand ich mich in die ehemalige DDR zurückver- setzt. Zwar waren die Straßen in gutem Zustand, jedoch fehlte es den Häusern an Putz und Farbe. Selbst in der Luft fand sich der Duft der Vergangenheit. Nicht wenige Skoda S100 und Moskwitsch verpesteten neben überalterten Liaz- und Tatra-Lkw diese. Es roch nach schlecht verbranntem Benzin und kaputten Auspuffanlagen. Auf etlichen Hinter- höfen und in offen stehenden Garagen, selbst in Gärten stapelten sich Skodaersatzteile. Jeder ehemalige DDR- Bürger, gleichsam Betreiber eines solchen Mobiles, wäre zum Pilger dieser Stätten geworden. Aber garantiert man- gelte es vor fünfzehn Jahren auch hier an derlei Austausch- barem. Als ich weiterfuhr, passierte ich einen ausgedehnten Parkplatz, auf dem eine Armee von Gartenzwergen und anderer Krimskrams stand. Busse, tschechische wie deut- sche, standen zum Aufladen der kleinen Kerle bereit. Die Rekrutierungsstelle wurde natürlich, so wie bei uns, von fernöstlichen Verkaufgenies betrieben.

Mittlerweile befand ich mich auf dem Radfernweg Eu- regio Egrensis. Da der Radwanderführer ohnehin besagt, dass die Strecke zu einem guten Teil auf Straßen mit geringem Verkehr verläuft, kürzte ich die ganze Sache ab. Unschlüssig über mein Vorhaben, stand ich eine Weile vor dem Übergang der Ostrover Hauptstraße zur Schnellstraße nach Karlovy Vary. Durfte man eine solche Straße überhaupt mit dem Fahrrad befahren? Ich stand vielleicht eine geschlagene Viertelstunde, als ich auf der Gegenfahrbahn einen Radfahrer ausmachte. Wenn es verboten ist, scherte der sich dort drüben jedenfalls nicht einen Feuchten darum. Und außerdem, vielleicht ist die Standspur keine Standspur, sondern der Radweg. Ich setzte mich in Bewegung. Zuerst ging es leicht bergauf. Die Hitze der letzten Tage hatte sich noch immer nicht gelegt. Der abstrahlende, heiße Asphalt und die hohen Auspuffrohre der tonnenschweren Liaz-, Skoda- und Tatra-Lkw gaben mir das Gefühl, durch eine heißluftbetriebene Backstraße zu fahren. Irgendwann hatte ich auch diese Tortur überstanden. Im Zentrum von Karlovy Vary holte mich eine Pause nach der anderen ein. Ich weiß nicht genau wieso, vielleicht lag es an den vielen schönen Frauen, die in Ruhe betrachtet werden wollten. Jedenfalls schob ich von einer Häuserecke zur nächsten, hielt an, ließ die Eindrücke dieser kleinen böhmischen Metropole auf mich wirken und schob weiter. Dennoch, bei allen Betrachtungen durfte ich nicht vergessen, meinen Seitenständer zu erneuern. Ich weiß nicht mehr genau, wo es war, dass mir dieses Bauteil wegen Überlastung den Dienst quittierte. Bisher fand sich immer eine Stelle, gegen die ich den Drahtesel lehnen konnte – und wenn ich es war. Ich kann jedenfalls jedem nur dazu raten, bei einer Tour mit schwerem Gepäck sein Rad mit einem Hauptständer auszurüsten.

Nach einem kurzen Imbiss bei Mc Donalds, wo ich durch das Schaufenster das Rad gut unter Kontrolle hatte, dauerte es nicht mehr lange und ein erster Fahrradladen war ausgemacht. Ich suchte auch nicht weiter. Beiden Betreibern, es waren Eheleute so um die fünfzig, schenkte ich mein volles Vertrauen. Viele ältere Tschechen beherrschen in dieser Gegend noch immer ein einigermaßen gutes Deutsch – meine beiden jedoch nicht. In deutsch-englischem Kauderwelsch formulierte ich mein Problem. Schließlich kapitulierten wir drei schon nach dem zweiten Satz. Angeherrscht von seiner besseren Hälfte fanden wir uns draußen vorm Laden wieder. Wieder sagte sie etwas und er ging zu meinem am Abflussrohr parkenden Drahtesel. Ab da brauchte ich nur noch zeigen. Das Problem war sofort erkannt. Einen Hauptständer besaß der Gute zwar auch nicht, dafür aber viele andere Modelle.

Meine Eigenkonstruktion von Gepäckträgerabstützung aus Gewindestangen und Flachwinkeln bezeichnete er als „very stylisch". Zugegeben rührte mich dies mit leichtem Stolz. Immerhin hatte ich es geschafft, einen absolut belastbaren Gepäckträger über einem freischwingenden Hinterrad zu montieren. Und dies ohne eine Verbindung zum Hauptrahmen zuzulassen.

Die Hecklastigkeit meines Rades erforderte allerdings etwas ganz Besonderes, nämlich zwei Ständer. Und so baute mir der gute Mann erst den einen (für 138 Kronen) hinten und einen weiteren zur Entlastung des ersteren in die Mitte (für 247 Kronen) dran. Ich war zufrieden.

Es hielt mich nun nichts weiter in dieser schönen Stadt. Ich folgte wieder dem Lauf eines Flusses, der Ohre (oder vielleicht sagt man auch des Ohre) bis nahe Loket. Der Weg dorthin führte durch ein Mischmasch aus parkähnlicher Landschaft und natürlicher Auenlandschaft. Den in der Karte eingezeichneten Campingplatz nordwestlich von Loket erwählte ich kurzerhand zum Etappenziel. Geschafft hätte ich mehr an diesem Tag, vielleicht sogar Marienbad, aber wozu? Etwas böhmische Lebensart wollte ich schließlich auch erleben. Und die, wie sich herausstellen sollte, würde der Abend bringen. Platz für mein kleines Zelt war genügend vorhanden. Außer einer Gruppe Jugendlicher samt dazugehöriger Erwachsener mit ihren Kajaks campierten auf dem Platz nur wenige andere vor sich hin. Aber ich bekam das Gefühl, sie gehörten irgendwie alle zusammen. Kurz nach Anfang meiner Anwesenheit klopfte der Campingplatzkassierer an mein Zelt. Die auszuhändigende Summe für meine Übernachtung war nicht der Rede wert. Im Übrigen wurden alle abkassiert. Nicht, weil sie gerade erst wie ich angekommen waren. Nein, hier löhne jeder jeden Tag, wurde mir versichert.

Der Tag neigte sich dem Ende. Nur wenige Kajaks ließ man noch zu Wasser. Viele aber kamen den Fluss herauf, wurden an Land gezogen und entladen. Fast alle Utensilien waren in wasserdichten Plastikfässern untergebracht. Nach kurzer Zeit erinnerte das Ohreufer wegen der weißen Fässer an eine Molkerei. Es wurden immer mehr Menschen. All die Zelte der Kajaktruppe nahmen mehr Personal auf, als für sie eigentlich gedacht waren. Obwohl meine dünnhäutige Herberge nicht mehr als zwei Erwachsene überdachen konnte, wähnte ich mich im Vergleich zu ihnen in einem Palast. Beim obligatorischen Umrunden meines Palastes fiel mir die Zweigeteiltheit der Truppe auf. Oben, am überdachten Kiosk, vor dem sich lange Bänke und Tische wie in einer Schulklasse reihten, scharten sich die Guten hier und die Bösen dort oder umgekehrt. Genau in der Mitte fand sich noch eine völlig freie lange Bank samt langem Tisch. Meine Stunde hatte geschlagen. Wollte ich nicht länger auf dem Zeltboden sitzen oder wie sonst auf Steinen oder bestenfalls auf meinem Sattel, musste ich jetzt handeln. Ich griff meine Moneten, zog den Reißverschluss meines Zeltes nach unten und ging, ohne mich umzublicken, schnurstracks zum Kiosk. Nach dem Aushändigen meines mir wohlverdienten Bieres nahm ich in der leeren, von beiden Gruppen gemiedenen Mitte Platz. Nicht lange hatte es gedauert und aus dem Gemurmel der beiden Gruppen wurde Geplärre. Wieder ein paar Biere später kamen noch Instrumente hinzu. Verbale Attacken voller Sarkasmus, wie unschwer an den Gesichtern zu erkennen war, waren längst die Regel. Dazwischen ich. Schließlich, irgendwann und wie nicht anders zu erwarten, vermischten sich die Guten mit den Bösen oder umgekehrt, gaben sich einander Bier aus und lachten. Dass mittlerweile Blitz und Donner mit sintflutartigem Regen über uns niederging, störte außer mir wohl niemanden. Nach vier Bieren entschied ich mich zum Rückzug. Gerne wäre ich mit den Leuten ins Gespräch gekommen; es ging nicht, ich gehörte eben weder zu den einen noch zu den anderen.

Es regnete die halbe Nacht durch. An einigen Stellen, besonders am Reißverschluss, drang Wasser ein. Im Schein der Taschenlampe sah es aus, als schlängelten sich Glasnudeln an der Zeltwand entlang.

Am nächsten Morgen, das Zelt war bereits wieder trocken, hängte ich den Schlafsack darüber. Das komplette Fußende war nass von Regenwasser und zur Mitte und nach oben hin nass vor Schweiß. Obwohl das kleine Zelt eigentlich gut belüftet werden kann, kapituliert es bei feuchter Luft komplett. Der Schweiß verlässt im günstigsten Fall den Schlafsack, um an der Zeltwand zu kondensieren; wie gesagt im günstigsten Fall. Zum späten Vormittag, als alles getrocknet war, packte ich und fuhr ab in Richtung Marienbad. Aber eigentlich hieß dies, ich fuhr ab, weil ich nicht länger anhalten konnte. Meine Därme benahmen sich wie Schlangen in einem Korb. Denn der Hygienekomplex des Zeltplatzes ließ lediglich Zähneputzen mit angehaltener Luft zu. Schon das kleine Geschäft erforderte ein hohes Maß an Selbstbeherrschung. Zum Glück besaß ich aber einen kleinen Campingspaten, fand dazu ein ruhiges Plätzchen im Wald, sodass ich mein Drücken und Drängeln an dieser Stelle beerdigen konnte.

Als ich in Marienbad, heute Mariánské Lázné, ankam, empfingen mich gehörige Koordinationsprobleme. Erst nach einem einstündigen Herumkurven im Stadtteil „Lunapark" wusste ich wieder, wo oben und unten ist, also Norden und Süden. Der Kinderkompass meines kleinen Sohnes hatte einen großen Anteil daran. Das Flair der Stadt einsammelnd, strampelte ich die Hauptstraße zweimal in verschiedener Richtung ab. Auf der Gegenfahrbahn bemerkte ich ein ebenfalls strampelndes Pärchen auf alten, provisorisch bepackten Rädern. Wir grüßten uns nicht, sondern lächelten uns nur zu. Stachen einem schon in Karlovy Vary vereinzelte auf Hochglanz herausgeputzte Hotels in die Augen, so wurde man hier von ihnen geblendet. Vielleicht war dies der Grund für jene verhaltene Zurkenntnisnahme der „Gleichgesinnten"; später traf ich die beiden wieder. Eines der Hotels schien jedenfalls pompöser als das andere. Mit Gold und Figuren bestückt, zeugen die Jugendstilhäuser scheinbar von einer langen, traditionsreichen Geschichte. Dies ist aber ein Irrtum. Dort, wo heute die wunderschönen Parkanlagen zum Spazieren einladen, befand sich vor etwas mehr als 200 Jahren undurchdringlicher Urwald, durchsetzt von Sümpfen und vielen Quellen. Und nur genauso alt ist die Geschichte dieser Stadt. Marienbad, die jüngste Krone des westböhmischen Bäderdreiecks, besitzt allein in der Stadt 40 Heilquellen und in der Umgebung weitere 100. 50 Hotels kommen auf 15.000 Einwohner, nicht zu vergessen noch unzählige Pensionen. Aber weder Hotels noch Pensionen kamen für mich infrage. Nach einer kühlen Cola vor den imposanten Kolonnaden, deren Inneres an das Skelett einer riesigen Schlange erinnert, folgte ich gegen 20 Uhr der Ausschilderung zum Camp „Luxor".

Natürlich vermisst der Leser an dieser Stelle wieder die Weitergabe weiterer interessanter Details über die Stadt. Auch an bildhaften Beschreibungen mangelt es. Aber ich will nicht über Orte schreiben, die jeder vielleicht schon kennt. Marienbad ist für mich nur genau ein Punkt auf der Strecke – wie das Ufer des Muldenstausees. Einziges Ziel bleibt nach wie vor der Weg.

Das Camp „Luxor" war wirklich einfach zu erreichen. Hatte der Kiosk am Eingang bei meiner Einfahrt noch geöffnet, zeigte er sich nach dem Aufstellen meines Zeltes eine Viertelstunde später geschlossen. Ein Motorradfahrer und – was für ein Zufall – die beiden Radler von vorhin standen davor. Auf Niederbayrisch kam es unter den dreien zur Bestandsaufnahme des Proviants. Selbst hätten diese alles zusammengelegt und meines noch dazu, wäre wohl niemand richtig satt geworden. Es gab ein klein wenig Smalltalk, eben die üblichen Sachen wie „wohin?" und „woher?". Danach kochte jeder für sich seinen Tee vorm Zelt und legte sich hungrig schlafen. Am nächsten Morgen stellte sich schnell heraus, dass Steffi (24) und Stephan (23), die Radler vom Vortag, in etwa dieselbe Route vorhatten wie ich. Folgerichtig strampelten wir im Trio vom Platz. So schön die gemeinsame Strecke auch war, lehrte sie mich eins: Radle nie mit jemanden, der dir konditionell überlegen ist. Die beiden fuhren zwar auf recht gediegenen Rädern, hoffnungslos überladen, ungleichmäßig verteilt noch dazu, dafür aber mit relativ ausgeruhten Muskeln. Ganze zwei Tage waren sie erst unterwegs – auf einer sehr angenehmen Strecke. Mir steckte hingegen noch immer das Erzgebirge in den Knochen. Für jede Pause, die wir machten, war ich ihnen dankbarer, als ich es ihnen zeigte. Noch in Tschechien machten wir eine größere Pause mit anständiger und preiswerter Brotzeit. Steffi, die angehende Geologin mit hübschen blauen Augen, orderte ein Gyros, welches mit einem aus Deutschland stammenden nicht zu vergleichen war. Ihr Gyros gab es mit Soße, Salzkartoffeln und dem Geruch von Gulasch; ihr schmeckte es. Ich bestellte ein Schnitzel und bekam auch eines. Etwas später ging es bei Mähring über die Grenze zurück nach Deutschland. Die Neugierde der beiden über das Leben in der DDR war schier grenzenlos. Als hätte ich nicht genug damit zu tun, den Anschluss nicht zu verlieren, musste ich Rede und Antwort gestehen. Ganz besonders bei Stephan. Scheinbar von Natur aus frei von Vorurteilen, wog er mit beneidenswerter Empathie Negatives und Positives in aller Gründlichkeit gegeneinander ab. Seine Eltern besaßen nicht einmal einen Fernseher. Ich denke, dies könnte der Grund für seine Unbefangenheit sein. Die Fähigkeit, beide Seiten einer Medaille zu betrachten, in einer Zeit, in der sich das Fernsehen zum Meinungsmacher der Bevölkerung ausgerufen hat, zeigte bei ihm noch keinerlei Anzeichen einer Verkümmerung. Später, als er mich verabschiedete, sagte ich ihm noch: Wäre bei uns alles so geblieben, wie es war, hätten wir uns nie darüber unterhalten können; er lachte, ich auch und fuhr allein weiter.

Kurz zuvor hatten wir Steffi zu Hause bei ihren Eltern in Tirschenreuth (oder war es Mitterteich?) abgeliefert. Dort, wohl verschreckt von meinem Ostharzer Dialekt, versteckten sich ihre Eltern noch einige Zeit in den Büschen ihres hübschen Gärtchens. Während wir etwas Kühles tranken, schlichen sie schließlich hervor. Ihre kaum zu unterdrückende Befremdlichkeit galt nicht nur mir alleine, leider auch Stephan, den sie schon einige Zeit kannten. Nach einem sehr kurzen Gespräch und dem Leeren der Gläser war es für mich nicht weiter verwunderlich, dass Stephan zur Weiterfahrt drängte; ich war nicht böse darum.

Und dann, nach der oben erwähnten Verabschiedung Stephans, legte ich nach der ersten Biegung einen ausgedehnten Müßiggang ein. Ich war völlig kaputt. Das fahren zu dritt, im Schlepptau ausgeruhter Muskeln, ist nichts für mich. Ich bin davon überzeugt, dass solche Touren nur im Alleingang ein glückliches Ende finden. So nett die beiden auch waren, ich war glücklich, wieder allein zu strampeln, zu schieben und zu schwitzen.

Mit dem letzten Pfiff kam ich auf einem Autohof bei Tiersheim an. Vom ersten Moment an stand fest, hier würde ich übernachten. Ich hatte mal irgendwo gelesen – vor dem Campieren auf Tankstellen erst den Pächter fragen. Den

Pächter fand ich nicht, dafür aber die Kellnerin des einladenden Restaurants. Bevor ich mir den Bauch vollschlug, wollte ich Gewissheit. Ich durfte. Erleichtert lehnte ich mich zurück, orderte ein großes Bier und ein „großes Steak". Es ist erstaunlich, was ein Steak oder Schnitzel dem Körper an Brennstoff zuführt. Mehrmals während der Tour fiel mir auf, wie nach einer solchen Mahlzeit einem die Kraft direkt in die Glieder zieht und umgekehrt, wenn sie einen wieder verlässt. Auch eine Cola liefert durch ihren hohen Zuckergehalt kurzfristig eine Menge Energie. Jedenfalls sollten das Steak und das am folgenden Morgen eingenommene kräftige Frühstück von großem Nutzen sein. Um etwas abzukürzen, verließ ich bei Tiersheim den Euregio Egrensis und kurbelte in Richtung Hof. Die Gegend um Hof erwies sich als leicht zu befahren, fast schon luxuriös und führte immer entlang der Saale. In der Nähe eines Feuchtbiotops ließ ich meinem Fototrieb freie Bahn. Es wimmelte nur so von liebestollen Libellen sämtlicher Arten unserer Breiten. Mitten in Hof passierte ich eine Stelle, von der man annimmt, so etwas gäbe es nur an abgeschiedenen Orten wie etwa Island oder Australien. Ich stand vor einem Schilderwald, der Orte in aller Herrgottsländer sowie aller Richtungen auswies. Vielmehr noch drohten einem die Orteingangsschilder der exotischsten Plätze in Traumzustände zu versetzen. Dieser sogenannte Fernwehpark ist nichts weiter als eine Friedensbitte an die Welt. Nützlicher wäre es, wenn aus allen diesen Orten Rezepte zur Zubereitung der Vernunft eingereicht würden. Aber Zutaten wie Weitsicht und gegenseitige Akzeptanz sind leider Gottes noch immer zu exotisch für viele von uns.

An einem Kiosk nahm ich einen kleinen Imbiss zu mir. So gut wie alle kleinen Tischchen waren von Vormittagstrinkern im Rentenalter okkupiert. Die Ausnahme bildete einer mit einem freien Platz. Auf dem besetzten Stuhl stellte sich ein großzügig Tätowierter zur Schau. Dessen Arme ließen an einen Arbeitsunfall in einer Druckerei für üble

Comichefte denken. Ich überlegte kurz, ob der bekleidete Rest des Mannes auch in den Druck geraten war. Nun, das Gesicht auf jeden Fall. Denn lediglich Nase und Kinn warben in ihrer Natürlichkeit für den echten Kerl hinter der bemalten Fassade. Der eintätowierte Lidschatten rundete alles ein wenig ab. Ich fragte ob Platz sei, er nickte und ich saß. Bei Schinkenbaguette und Cola musste ich schließlich schon wieder, diesmal schmatzend, Rede und Antwort stehen. Ich weiß bis heute nicht, was ich von diesem Gespräch halten soll. Mit seiner Stimme, die anscheinend täglich mit Hochprozentigem und reichlich Nikotin gebeizt wurde, ließ das schillerndbunte Raubein seiner Bewunderung über meine Tour freien Lauf. Langsam begannen sich die anderen, viel älteren Vormittagstrinker für mich zu interessieren. Und wie man das so macht, wenn man einen solch „Weitgereisten" bei sich weiß, nimmt man natürlich auch dessen Gefährt unter die Lupe. Das Ganze wurde mir zu albern. Irgendwie dachten sie alle, ich komme von sonst woher und wolle noch sonst wohin. Beim Benennen der Gegenden, die ich hinter mir hatte, schaute mich mein tätowiertes Gegenüber an, als redete ich vom Mond, dann, nach seinem Staunen, sagte er es den anderen. Und immer wiederholte er: „Ich ziehe den Hut vor Leuten wie dir. Unglaublich, wie ein Mensch so etwas zu leisten vermag." Wortwörtlich. Mir reichte es irgendwann. Ich wünschte allen noch einen schönen Tag und machte mich unter dem Vorwand der sonst nicht zu bewältigenden Strecke eiligst auf zur Weiterfahrt.

Dass Hof auf sieben Hügeln liegt, kam mir nicht unbedingt so vor. Richtig marternd wurde es erst wieder nordwestlich hinter Hof. Jedes kleine Dörfchen stand auf dem höchsten Punkt dieser schmucken, hügeligen Gegend. Es ging rauf und runter, wiederum so steil, dass an fahren nicht zu denken war. Dennoch schaffte ich es an diesem Tag von Tiersheim bis Issigau im Frankenwald ein paar Kilometer vor Saaldorf, wo nicht weit davon der Saaleradweg auf mich wartete. Der Campingplatz in Schloss Issigau ist ein guter Platz zum Übernachten. Man kann dort gut essen und, wer möchte, sogar im kleinen Parkteich baden. Und obwohl als Camper unterwegs, hält einem selbst zum Frühstück das Schlossrestaurant die Tore auf. Also nix Gaskartusche und Marmeladenzwieback im Schneidersitz.

An diesem Tag fiel mir auf, dass sich in meinen Fingern eine leichte Taubheit eingenistet hatte. Entweder lag dies an den einfachen, recht harten Griffen des Lenkers oder an den ständig notwendigen Schiebeeinsätzen. Was auch immer als Ursache dafür verantwortlich war, es führte zu mangelnder Durchblutung der Hände. Aber auch im Gesicht hatte die Tour Spuren hinterlassen. Der weiße Abdruck meiner Sonnenbrille erinnerte an die Zeichnung eines Brillenbären. Und meine dicke Nase leuchtete wie eine pflückreife Erdbeere kurz vor der Ernte. Im Großen und Ganzen kam ich mir ziemlich aufgebraucht vor und freute mich im Grunde genommen auf die letzten Kilometer dieser Tour. Das ständige Hin- und Hergepacke nervte auf Dauer und dabei hatte ich bis jetzt Glück mit dem Wetter. Was, wenn man wegen ständigem Regen seine Sachen nicht mehr trocken bekommt? Sollte ich Wiederholungstäter werden, müssen in Bezug auf die Kleidung jedenfalls andere Sachen eingepackt werden; vor allem weniger. Lieber öfters mal etwas auswaschen, als sich mit viel zu viel Unterwäsche und T-Shirts abzuplacken. In unseren gemäßigten Zonen gibt es Wasser im Überfluss. Wenn auch die Tour nicht entlang von Flüssen verläuft, trifft man früher oder später in Supermärkten, Tankstellen oder auf Campingplätzen auf Wasser. Sollte doch einmal ein Fluss herhalten, kein Problem: Biologisch abbaubare Reinigungsmittel, speziell für unterwegs, kann man leicht beschaffen. Aber dennoch, obwohl ich jeden Tag mehr und mehr zum Traveller wurde, könnte ich mir solch ein Leben auf Dauer nur schwer vorstellen. Jedenfalls nicht, wenn man fünf von zehn Kilometern schieben muss. Vielleicht aber macht man dies auch bejahender, wenn zum Beispiel diese fünf von zehn Kilometern im Atlasgebirge der Atacamawüste oder auf der berühmten Seidenstraße geschoben werden müssten – vielleicht.

Erst hinter Jena – so jedenfalls verspricht es die Karte – findet das Rauf und Runter sein Ende. Insgeheim wünschte ich mir mehr Ruhe bei der Tour. Dadurch jedoch, dass mich die üblen Steigungen immer wieder ausbremsten, geriet ich oftmals unter Zeitdruck. Unmerklich verkannte ich dadurch einige Male das eigentliche Ziel, den Weg. Aber damit muss man eben zurechtkommen oder auch nicht. Nicht allein Steigungen, auch eingeplante Tourenschmankerl, die sich als Luftblasen erweisen, muss die strapazierte Stramplerseele verdauen. So ein Knickpunkt stellte zum Beispiel die nicht stattfindende Bahnfahrt nach Oberwiesenthal dar. Ein weiterer Höhepunkt, dem ich unter höchster Freude entgegenstrebte, war die Fährfahrt auf der Bleilochtalsperre von Saaldorf nach Saalburg. Auch dieses Amüsement fand nicht statt. Rundfahrten (und diese erst ab Saalburg) standen auf dem Programm. Auf die Nachfrage nach bestehenden Schiffsverbindungen zwischen den Orten erntete ich Ratlosigkeit und Kopfschütteln. Nothalt war angesagt. Wie nun weiter? Der Bus schied von vornherein aus – nicht schon wieder. Der eingezeichnete Radweg schlängelte sich recht übersichtlich an den Ufern des Gewässers durch dichten Wald. Die Odyssee begann. Diese Bleichlochtalsperre verdient ihren Namen umso mehr, wenn man sich des Gewichtes oder der Massigkeit bewusst wird, welches dem im Namen enthaltenen Element Blei beiwohnt. Und eben diese Verwandtschaft oder besser Äquivalenz zur Schwerkraft ließ mich an eine „Schwarzes Loch"-Talsperre denken. Hat man sich als Fremder erst einmal in den Trichterrand dieses beeindruckenden Stausees begeben, hält er einen für lange Zeit fest. Genauso fest muss derjenige dann das Lesen von Karten beherrschen. Wie bereits erwähnt – ich zähle mich nicht unbedingt zu den Beherrschern dieser Kunst. Das waldige Ufer ist durchzogen von einem Labyrinth übelster Forstwege. Mein erster Irrweg brachte mich so ziemlich zurück zum Anfang. Mehrmals war ich gezwungen, die Richtung zu ändern, sodass ich unmerklich um einhundertachtzig Grad kehrtmachte. Ich hatte es einfach versäumt, auf den Kompass zu schauen. Als ich jedoch die entgegengesetzte Richtung bemerkte, behielt ich sie bei. Nicht selten verwandelte sich der Weg in einen nur einen Viertelmeter breiten Trampelpfad, auf dem es im Zickzack rauf und runter ging. Dies konnte unmöglich der vom Radführer gemeinte Weg sein. Mein zweiter Versuch, Richtung Norden vorzudringen, führte mich entlang des Ufers auf einer reifenkillenden Scharfsteinpiste mit der Erkenntnis, einem weiteren Irrpfad gefolgt zu sein. Vor einem hohen, abgeschlossenen Gittertor war Schluss. Dahinter standen Holzbungalows, meines Erachtens freigegeben zum Zerfall. Es gab keine Möglichkeit hinüber- oder daran vorbeizukommen. So oder so musste ich erneut das Rad drehen. Ich hatte anscheinend noch nicht genug gelitten an diesem Tag und so lenkte ich auf den nächsten Forstweg ein – was für ein Fehler! Der Weg wirkte, als sei er gerade erst aufgeschoben. Sand und tiefe Raupenspuren machten ein Befahren unmöglich. Noch dazu wartete diese Passage, wie auch nicht anders zu erwarten, mit einer anständigen Steigung auf. Sowie ich die Hinterradbremse zog, bäumte sich mein kopflastiger Packesel vorne auf. Rechts stieg der Hang steil auf und links steil ab. Todholz in allen Abmaßen, hangabwärts wie Mikadostäbe geschoben, drohte mit dem plötzlichen Auftauchen der waldfressenden Raupe. Die kam aber nicht. Zum Glück. Nach einer guten halben Stunde des anstrengenden Schiebens durch knöcheltiefen, warmen Sand, ereilte mich dafür etwas anderes, ein sogenannter mentaler Tiefstpunkt. Wenn einen nur harte Gegenstände wie Holz oder Fahrräder umgeben, sollte man auf das Einschlagen dieser Dinge verzichten. Ein schlapp dahängender Papierkorb hätte mir dort gut zum Abtreten genützt. Die Packtaschen fielen mir ein;

denen könnte ich einen Tritt verpassen, schließlich ist der darin verstaute Müll für all die Anstrengungen verantwortlich. Bloß nicht! Das teure 400er Teleobjektiv könnte zu Bruch gehen. Ein letzter Funken Verstand trieb mich einige Meter von dem schuldlosen Drahtesel weg. Ich setzte mich schließlich mitten auf den Weg und schmiss ein paar Hände voll Sand durch die Gegend. Ich saß vor einer Sackgasse – der Weg hörte hier einfach auf. Der Abdruck des Schiebeschilds klaffte als sandfarbener Stempel vor mir, dahinter nichts als Wald. Um nicht noch bei Dunkelheit in diesem unbarmherzigen Trichterlabyrinth umherzuirren, riss ich mich eiligst wieder zusammen und suchte nach dem nächsten Weg – oder besser Ausgang. Obwohl meine Sorge wegen einbrechender Dunkelheit total übertrieben war (die Uhr zeigte Mittag an), hatte ich einen sehr erholsamen Nutzen davon. Nach einem Umkipper des Rades auf erneut steilem Weg, bei dem der Zahnkranz einen leichten Schaden davontrug, kam ich auf einer geteerten Straße heraus. Wenig später rollte ich auf einem Campingplatz am Ufer der Talsperre ein. An der Rezeption prahlte der Zeltplatzwart mit 24°C Wassertemperatur, machte nebenbei noch Reklame für sein eigenes Restaurant und die angeblich hervorragenden sanitären Einrichtungen und zeigte dann grob eine Richtung für mein Zelt. Der gute Mann nahm den Mund nicht zu voll. Kaum dass ich mich von den schweißnassen Sachen befreit hatte und das Zelt stand, befand ich mich im Wasser. Es besaß tatsächlich eine für diese Jahreszeit, noch dazu für eine tiefe Talsperre, ungewöhnlich angenehme Wassertemperatur. Auf dem Rücken im Wasser liegend holte mich schließlich der Appetit ein. Vorher jedoch musste ich duschen und mich rasieren. Zwischen dieser Duschabteilung und der in Tschechien lagen Welten. Der Komfort hier ließ an ein Hotel denken. Dann genehmigte ich mir Bratkartoffeln mit Sülze und die obligatorischen Biere. Also: Wer einmal an der Bleilochtalsperre zelten sollte, esst Bratkartoffeln mit Sülze! Nur der anschließend noch bei Helligkeit eintretende Schlaf beinhaltete ein kleines Manko. Das Ufer hier und wie zum großen Teil an der gesamten Talsperre besteht aus grobem Granitkies – und demzufolge auch der Grund unter meinem Zelt. Mein Bett bestand lediglich aus einer Bundeswehrisomatte von 8 mm Stärke – mehr brauche ich dazu wohl nicht zu sagen. Die dünne Grasnarbe, die ich für mein Zelt ausfindig gemacht hatte, nützte so gut wie gar nichts. Nun, immerhin war ich müde genug, um am nächsten Morgen einigermaßen beschwerdefrei aufzuwachen. Dieser Morgen war einer der herrlichsten während der Tour überhaupt. Als ich gegen sieben Uhr, vielleicht auch schon früher, aus dem Zelt schaute, lag das Wasser der Talsperre bretthart wie ein Spiegel vor mir. Alle Boote, ob Segel- oder Ruderboote, schienen zweimal zu existieren; einmal auf und einmal im Wasser. Noch keiner außer mir schien wach zu sein. Nicht einmal Vögel waren zu hören. Es war lange her, dass ich solch eine Stille in freier Natur erleben durfte. Nach gut zehn Minuten riss die Stille ab. Zwei Zurrgeräusche von Feuerzeugen erreichten mich – die morgendliche Zigarette. Und die spiegelglatte Wasseroberfläche wurde von einem weiter entfernten roten Badeanzug aufgebrochen. Auch ich genehmigte mir ein Bad, machte mir ein Frühstück mit Gaskartuschenkaffee und Marmeladenzwieback und genoss dabei den Blick auf dieses Thüringer Meer.

Die meiste Zeit dieses 16.06. und 17.06. hatte ich in der „Bleilochfalle" zugebracht. Bei Ziegenrück verließ ich vorsorglich den eigentlichen Saaleradweg. Zu viele Steigungen warteten auf dieser Route auf mich, zu wenig Zeit hatte ich dafür, geschweige denn Lust. Die nächste Talsperre, die Hohenwartetalsperre, sollte nicht zur Hohenwartefalle werden. Hätte ich mich dort genauso verfranst, stünde aus zeitlichen Gründen der Rest der Strecke infrage. Und auch so hätte mich dieser Abschnitt wohl mehr als einen Tag gekostet. Also opferte ich diese Etappe zugunsten des restlichen Weges. Meine Intuition sagte mir, die vielen

Neben- und Ausweichstrecken wären nicht weniger schön und leichter zu befahren. Abgekürzt über Pössneck, stieß ich erst wieder bei Freienorla auf den Saaleradweg. Von nun an zeigten sich die Talhänge, wenn sie denn kahl waren, als rötlicher Muschelkalkstein. Der Anblick, je näher ich Jena kam, wurde immer beeindruckender. Jena selbst ist im Osten wie im Westen von diesem beeindruckenden Muschelkalkstein begrenzt, geradezu eingemauert. An einigen Orten bis zu 400 Meter hoch. Stellenweise dachte ich an den urbanisierten Grund eines Canyons, durch den ich fuhr. Lediglich der 159 Meter hohe „JenTower" ragt aus dieser Furche des bebauten Saaletals. Ein Großteil dieser schmalen, dadurch lang gezogenen Stadt besteht aus Universitäten. Ob auf den Straßen, in Parks oder sonst wo, die Mehrzahl der Menschen, die an diesem Tage unterwegs waren, hatten die Fünfundzwanzig noch nicht überschritten. Für eine deutsche Stadt mehr als ungewöhnlich. Ungewöhnlich fand ich es auch, als am Rande einer Hauptstraße, genauer gesagt auf dem Grünstreifen zwischen Straße und Fußweg, ein Hubschrauber parkte. So, wie der dort stand, gehörte der dort unmöglich hin. Oder doch? Es scherte sich jedenfalls niemand um dieses Luftvehikel. Wahrscheinlich kam es mir deshalb nicht in den Sinn, ein Bild zu schießen. Andererseits strampelte ich auch gerade durch guten, flüssigen Verkehr. Anhalten? Lieber nicht, dachte ich mir. Später erfuhr ich, dass es in Jena ein Luftrettungszentrum gibt. Vielleicht handelte es sich um eine Übung?

Hinter Jena, in Porstendorf, fand ich auf dem dortigen Campingplatz mein Nachtquartier. Zuvor jedoch sollte ich mein letztes Schnitzel auf dieser Tour einnehmen. Hundert Meter vorm eigentlichen Campingplatz, vorgeschaltet wie ein Zollhäuschen, allerdings im DDR-Kioskstil, lud die betagte Gastronomie zur Einkehr. Zwei junge Frauen, eine davon machte einen auf Mann, gaben durch ihre Blicke zu verstehen, dass es für die Inanspruchnahme ihrer Dienstleistung die denkbar schlechteste Zeit war. Wie ich es mir beinahe gedacht hatte, drehte sich ihr Gespräch um Frauen und einsetzenden Liebeskummer, stark durchsetzt mit Verwünschungen. Sie zeigten keinerlei Interesse für mich und meinen Hunger. Schließlich, als ich das Schild mit den Öffnungszeiten unter die Lupe nahm und feststellte, dass noch für gut 20 Minuten geöffnet war, hielten die beiden kurz inne. Ich fragte vorsichtig in ihre Richtung, ob es hier vielleicht noch etwas gibt? „Was zu trinken ja", antwortete die männliche der beiden. Die andere konnte anscheinend gut Gesichter lesen – in meinem stand Hunger – und sagte „Was zu essen: nur was schnell geht. Gleich ist zu hier."

„Was geht schnell?", wollte ich wissen.

„Schnitzel. Wenn du willst, mit Letscho oder Ei."

Das Ei würde wieder für zusätzliche Arbeit sorgen, das wäre mir unangenehm, hätte ich am liebsten gesagt. „Mit Letscho und `n Bier dazu!", bestellte ich schließlich.

Nach nur fünf Minuten kam meine Bestellung in unerwartet guter Qualität. Bei der Hälfte des Schnitzels begannen die Damen sich gegenseitig damit zu beauftragen, schöne Grüße an andere zu übermitteln, ein paar sollten auch von tödlichen Krankheiten heimgesucht werden. Ich verstand dies als Zeichen der unmittelbar bevorstehenden Schließung. Also wenn ich noch eines trinken wollte, sollte ich das letzte Bier jetzt bestellen: „Kann ich noch ein Bier ..."

„Zu spät. Ist schon alles abgedreht; macht sechsfuffzich."

Ich schlang alles schnell herunter, sog den letzten Schluck Bier in meinen Schlund und übergab der männlichen 7 €, wünschte beiden einen schönen Abend und verschwand um die Ecke. Ein paar Pedaltritte und ich durchfuhr die geöffnete Schranke des Zeltplatzes. Ich bezahlte im Voraus und wurde eingeschrieben. Von allen Campingplätzen war dieser der unspektakulärste. Obwohl der Campingplatz auf einer Insel liegt, zwischen Saale und Lache, fehlt ihm meines Erachtens ein gewisser Charme. Alles schien sehr geordnet angelegt und daher langweilig. Aber schließlich sollten auf einer längeren Tour Campingplätze nicht als mehr als Mittel zum Zweck dienen, das heißt eine Dusche und ein sicheres Plätzchen für die Nacht bieten. Na gut, der noch kommende letzte „Campingplatz" hielt eine ganz andere Dusche parat.

Der nächste Tag, entlang der Saale bis Naumburg, verlief bei leichter Bewölkung und aufgefrischtem Wind relativ entspannt. Der Saale-Radweg führt, wie in dieser Region nicht anders zu erwarten, an steilen, mit Rebstöcken bewachsenen Hängen vorbei. Ich verstehe so gut wie nichts von Wein, weiß nur, dass ein Müller-Thurgau- und ein Saale-Unstrut-Halbtrocken feine Tröpfchen sind. Aber ausgerechnet in dieser für Weine exponierten Gegend war es an diesem Tag außergewöhnlich kühl. Und nicht nur das. Hinter Naumburg gingen in halbstündlichen Abständen kräftige Regengüsse runter. Eigentlich wollte ich es auf dieser exzellent zu befahrenen Strecke bis Halle-Kröllwitz schaffen. Ganze dreimal jedoch musste ich regelrecht Zuflucht vor den Niederschlägen suchen. In Weißenfels teilte ich meinen Unterstand mit auf Schulausflug befindlichen Fünftklässlern. Am Rande der überdachten Fußgängerpassage aushaltend, schlug die Langeweile der Halbreifen in sprichwörtliche Ungezogenheit um. Weil sie schon einmal nass waren, dachten sich einige wohl, könnte man die Gelegenheit nutzen und sich ruhig mal anspucken. Ich hatte tatsächlich überlegt, ob ich bei der Lehrerin petzen sollte. Es wäre umsonst gewesen. Bedeckt von einer Schicht Schulhof-Patina, welche ihr über Augen und Ohren lag, stand sie inmitten des Tumults so gut wie im Dunkeln. Frei geblieben schien nur der Mund. Dieser bearbeitete die Nerven einer verunsicherten Schülermutter. Und diese hielt, unbemerkt vor der Lehrerin, hinter ihrem Rücken die Kapuze ihres ruppigen Sprösslings auf Zug. Ich wollte dem Treiben nicht länger beiwohnen. Mein Parka, ohnehin von angewehtem Nieseln und sicher auch Spucke oberflächenfeucht, musste nun sein Durchhaltevermögen beweisen. Ich schreibe Durchhaltevermögen, weil der Parka ein Duplikat der „M65" ist. Also das Feldjäckchen der „US-Army" schlechthin. Dieses wirklich sehr praktische Kleidungsstück mit den vier großen aufgesetzten Taschen kapitulierte jedenfalls nach wenigen Minuten im Dauerregen, trotz einer Imprägnierung. Sollte ich beim nächsten Mal auf das doppelt so teure Original setzen? Nein. Der Stoff wäre derselbe. Mit Sicherheit fände das Wasser auch beim Original schneller durch den Stoff, als dem Träger lieb ist. An der Robustheit, ob Duplikat oder Original, ist nichts auszusetzen. Das dünnste und feinste Regencape, und sei es aus einem Tschibo-Shop, hält bei diesem Wetter einfach länger die Stellung. Nie wieder ohne.

War bis hierher alle Idylle auf dem Rückzug, erlag sie bei Leuna einer völligen Niederlage. Das ruhrpottmäßige Auffahren brennender Schornsteinrohre unter schwarzgrauem Himmel machte die Annexion dieses Gebietes für nichts anderes als Industrie nur allzu deutlich. Hinter den Toren der Leunawerke wartete ein Geflecht aus Rohren, Hochbehältern und Kühltürmen auf den Betrachter. Über dem Werk, vorbei an abbrennenden Erdgasfackeln, trieben Wolkenfetzen wie zerrissene Segel dahin. Eigentlich ein Bild zum Festhalten. Manchmal ist eben auch Hässlichkeit schön. Aber nicht nur ich, sondern auch meine Kamera hatte etwas gegen Wassertropfen; bei einem Spanienurlaub hatte sie wegen Feuchtigkeit für zwei Tage ihren Dienst quittiert. Dies nur nebenbei. Die Luft in der Nähe des Werkes war jedenfalls von einer leicht süßlichen, aber für meinen Geschmack noch zu ertragenen Ekelhaftigkeit. Im Vergleich zu 1989 (damals hatte ich während meiner Armeezeit hier einen Arbeitseinsatz geschoben) war dies Luftkurortqualität. Zum damaligen Zeitpunkt – wenn mich meine Erinnerung nicht trügt – war dieser Geruch derselbe, nur eben viel penetranter. Egal, wohin man ging, ob Konsum, Kneipe oder Geschäft, überall lag der gleiche Geruch in der Luft. Es war auch unmöglich, sich daran zu gewöhnen, also dass man es nur am Anfang riecht und dann nicht mehr. Es stank nach vier Wochen noch genauso wie am ersten Tag.

Ich ließ dieses Bild, welches an Dantes Hölle erinnerte, hinter mir und befasste mich gedanklich mit einer Campingplatzalternative. Denn dass ich Halle-Kröllwitz an diesem Tag nicht mehr schaffen würde, wusste ich bereits seit vielen Kilometern. Ich hielt es zudem für wichtiger, lieber früher als später aus den nassen Klamotten zu kommen. Die nächste überdachte Bushaltestelle diente als Nothalt zum Kartenstudium. Einzig Wüsteneutzsch, östlich vor Leuna und nördlich von Bad Dürrenberg, kam infrage und lag, wenn auch nur scheinbar, ganz nahe. Vielleicht hat es etwas damit zu tun, dass das Wort Wüste in dem Ortsnamen vorkommt. Wenngleich die Karteneintragungen sehr deutlich waren, fand sich kein Campingplatzschild. So verbrachte ich einige Zeit zwischen Leuna und Bad Dürrenberg mit Suchen. Wegen starker Steigung oder Überhitzung brauchte ich nicht aus den Pedalen zu steigen; das Land war flach und wurde noch immer gegossen. Schön kontinuierlich pedalierte ich mit ausgewachsener „Leck-mich-am-Arsch-Stimmung" durchs unbekannte, unbeschilderte Umland von Wüsteneutzsch. Wieder einmal zurück im Ort, der die Wüste im Namen trägt, erlangte ich Gewissheit, den Zeltplatz ohne fremde Hilfe nimmer finden zu können. Und siehe da, ob nun aus reiner Neugier oder Zufall stellte sich ein Wüsteneutzscher vor das Tor seines Hauses und trat sicheren Schrittes auf die Straße, auf der ich ihm entgegenkam. Seltsam, immer wenn ich jemanden brauche, ist jemand zur Stelle. Er kam direkt auf mich zu; ich brauchte nur anzuhalten.

Die Antwort auf meine Frage schellte mir wie eine Ohrfeige ins Gesicht, wiewohl mir das tröstende verbale Taschentuch sofort nachgereicht wurde. „Einen Campingplatz gibt es hier schon lange nicht mehr." Ich schluckte. „Aber dort, wo mal einer stand, zelten manchmal Jugendliche." Also existierte der Platz, dies war die Hauptsache. Auf einem nach Jauche stinkenden Feld neben der Straße wollte ich mir keinesfalls die Nacht um die Ohren schlagen. Wie ich vermutet hatte, deutete er auf ein kleines Wäldchen, das weit und breit einzige, hinter dem Ort. Ich fuhr los. Ein breiter Feldweg brachte mich vom Ort ins Wäldchen. Durch den Dauerregen verwandelten sich die ausgefahrenen Fahrrinnen in lange Tümpel. Der Weg schmatzte vor Schlamm. Während der gesamten Fahrt zum Wäldchen blieb mir nur der schmale, aber einzig zu befahrene Grad zwischen Fahrrinnentümpel und Grasnarbe. Ein Wechseln der Seiten war so gut wie unmöglich. Selbst mein Fahrsteig, dieser schlammige Balken, besaß noch genug Schmatzzeug, um Vorder- und Hinterrad zu braunem Rührteig anwachsen zu lassen. Ich näherte mich einem Tümpel mit im Regen ausharrenden Petrijüngern. Auf der Karte war ein Teich gleich neben dem Campingplatzsymbol eingezeichnet. Dieser hier kam aber kaum in Frage. Ringsrum nur hohes Röhricht, keine Wiese, nichts. Zwar hatten die Angler mich bemerkt, ich stand nur etwa zehn Meter hinter ihnen, aber ihre Blicke versprachen wenig Willen zur Auskunft. Ich hielt mich an meine subjektive Wahrnehmung. Wenige Meter weiter fand sie Bestätigung. Das Unheil kam mir in Form eines immer schmaler werdenden Fahrsteigs am Rande einer tiefen und breit ausgefahrenen Fahrspur entgegen. Ich jaulte vor Schreck noch auf, bevor das Vorderrad eintauchte. Schließlich verschwand der halbe Drahtesel samt Ausrüstung und meiner Wenigkeit darin. Vom Gefühl her würde ich sagen verdünnte Schokoladensuppe, lauwarm, aber mit dem Bukett eines Kuhstalls. Ich fluchte für ein paar Sekunden, wie ich mich selbst nicht kannte und hielt schließlich inne;

nichts außer Regen war zu hören. Jeden Moment würden wohl die Angler kommen, dachte ich und betrachtete den neben mir in dreiviertel Meter tiefem Schlamm steckenden, voll beladenen Fahruntersatz. Aber diese Typen brauchte ich nicht und wie nicht anders zu erwarten, sie kamen auch nicht. Zum Glück guckte noch die Lenkertasche samt Fotoausrüstung aus dem Loch. Herrje, aber das 400er steckte in der linken Seitentasche. Es blieb keine Zeit zum Überlegen; ich zog mich aus dem Loch. Breitbeinig, vor Schlamm triefend, stellte ich mich über den Unglücksort und begann mit allen Kräften zu ziehen. Zuerst verlor ich den Boden unter den Füßen und steckte erneut im Schlamm. Dann aber zog ich die Kuh aus dem Sumpf. Tasche auf und raus mit dem guten Stück. Zum Glück war alles in bester Ordnung. Die Seitentasche hatte den Schlamm zurückgehalten, nicht aber das Wasser, dies übernahm der Objektivköcher; die Optik war außer Gefahr. So nass und verschlammt brauchte ich nun keine Obacht mehr zu geben und schob einfach weiter, auch durch dicken Schlamm. Fahren war unmöglich. Die Reifen waren wegen des Schlamms kurz vorm Blockieren. Dieser augenscheinliche Umstand schien auch für das Unglück verantwortlich zu sein; es hatte mir einfach an Schwung gefehlt.

Schließlich flachten die tiefen Fahrrinnen ab, der Boden wurde fester, der Weg lief in eine kleine Wiese aus. Sollte dies der ehemalige Zeltplatz sein? Ich denke, ja. Hinter der Wiese lag ein weiterer Teich, am anderen Ende auch wieder Angler. Zelt und Schlafsack, gut geschützt im gummierten Seesack, waren alsbald zum Einzug bereit. In der Hoffnung, dass der Regen noch an diesem Tage oder wenigstens in der Nacht aufhörte, legte ich Handtücher und einige zuvor im Teich vom Schlamm befreite Wechselsachen über hohes Gras zum Trocknen. Eigentlich hatte ich vor, ein reinigendes Bad zu nehmen. Aber ähnlich wie der Tümpel in Wurzen roch auch dieser sehr streng nach Fisch. Ich sah mich für den Rest der Tour als radelnden Aromenspeicher und verzichtete kurzerhand darauf. Wie gesagt, lediglich die verschlammten Sachen kamen nicht umhin, in diese Brühe eingetaucht zu werden. Gleichsam erschien es mir wichtig, den Schlamm vom Rad, insbesondere der Kette, loszuwerden. Mit nassem Gras gelang mir eine Grobsäuberung. Der Regen der folgenden Nacht sollte den Rest erledigen.

Nach einem kurzen Abendbrot mit wohltuend heißem Tee legte ich mich hin und lauschte auf der Mittelwelle meines kleinen Transistorradios italienischen Klängen. Irgendwann wurde es mir zu bunt und ich drehte das Gejodel weg. Auf anderen Kanälen erreichte mich nur fremdartiges Wortpiepen und das Rauschen des Äthers. Ich stellte den Apparat ganz aus. Auch wenn ich mich nicht unbedingt als Angsthasen bezeichnen würde, bescherte mir dieses Ausklickgeräusch stets etwas Unbehagen. Vergleichen möchte ich dies in etwa damit, wenn bei schreckhaften Tieren die abgespielte Tonkonserve geselliger Artgenossen für ein Gefühl der Sicherheit sorgt, dann aber plötzlich verstummt und sie sich allein in weiter Flur sehen. Im ersten Moment hört man nur sich und dann, dann wird es unheimlich. Außerhalb von offiziellen Campingplätzen oder Ortschaften wimmelt es des Nachts nur so von allerlei Geräuschen. So auch wieder in dieser. Ich lag kaum eine halbe Stunde so da, hörte lediglich den Regen aufs Zelt prasseln, als sich plötzlich Schritte näherten. Es waren Schritte aus verschiedenen Richtungen. Rehe? Wildschweine? Nicht so schlimm, dachte ich. Aber diese Schritte hörten sich verdammt menschlich an. Aber ich hörte keine Stimmen. Mir schlug das Herz bis zum Hals und ich stellte mir die Kurznachricht „Camper tot vor See gefunden" vor. Immer wieder scharrte es in der Nähe des Zeltes. Dann war für Minuten nichts zu hören außer meinem Herz und dem Regen. Von weit her war schließlich ein immer näher kommendes Motorengeräusch zu vernehmen. Egal, was hinter dem Zelt stand, irgendwie musste es auf das sich nähernde Fahrzeug reagieren. Aber es passierte nichts – sollte dort nichts mehr sein? Das näher kommende Fahrzeug hielt direkt auf mich zu. Es rührte sich durch die Schlammlöcher, dass das Licht der Scheinwerfer einige Male durch mein Zelt stieß. Ich war wie gelähmt. Sah der Fahrer mein aus Flecktarnstoff bestehendes Zelt überhaupt? Der Wagen kam mittlerweile regelrecht auf mich zu gedroschen. Ich hörte, wie Schlamm und Wasser in alle Richtungen platschten. Das Zelt war vom Scheinwerferlicht völlig durchflutet. Wenn er jetzt nicht stoppen würde, dann ...

Glück gehabt. Ich hörte die Bremsen des Fahrzeugs quietschen. Unmittelbar danach quoll der dampfige Geruch des nassen Motors in das Zelt. Das Auto stand direkt davor. Der Motor blieb am Laufen, ansonsten passierte nichts. Ich dachte an Angler oder Jäger und nur ganz kurz an Bankräuber, die hier in Ruhe ihren Safe zu öffnen gedachten. Schließlich jaulte der Motor wieder auf und das Fahrzeug verschwand Schlamm aufwühlend in der Ferne. Ich schlief ein.

Als ich am nächsten Morgen aufwachte, schien das Meer aus Wolken noch immer nicht leer. Hier und da fielen einige Tropfen. Und die zum Trocknen ausgelegten Sachen sammelte ich genauso klamm wieder ein, wie ich sie ausgelegt hatte. Außer der Fotoausrüstung marinierte nun alles in einem leicht nach Fisch riechenden Sud. Ich machte mir keine Hoffnungen, bei diesem Wetter, nur 80 Kilometer von zu Hause entfernt, noch irgendetwas trocken zu bekommen.

Soweit es mir gelang, rieb ich die Antriebskette trocken, um sie anschließend zu ölen und endlich den Heimweg anzutreten. Eigentlich bräuchte ich nur noch bis Halle/Saale Hauptbahnhof, dann ab auf die Schiene und eine Stunde später wäre ich zu Hause. Aber kein geringeres Gefühl als ausgerechnet Wehmut saß mir ab Halle auf den Packtaschen. Die Trauer um das Ende meiner Freiheit ließ mich die an meinem Körper haftende Nässe vergessen. Es schien beinahe ein höherer geistiger Level zu sein, der mich wie in Trance in die Pedale treten ließ. Was nun auch passieren würde, es gab aus meinem Innersten keinerlei Dementi, die letzten Kilometer nicht aus eigener Kraft zurückzulegen. Immer öfters legte ich Stopps ein, nur um zurückzuschauen. Es war nicht nur die hinter mir liegende Strecke, die ich betrachtete, es war viel mehr. Und so aufgeladen von Glücksgefühlen schäumte die einzige „Schiffspassage", die Fährüberfahrt bei Halle/Brachwitz, zu etwas ganz Besonderem in mir auf. Auch als sich erneut roter Muschelkalkstein entlang des Saaleradweges formierte, entrückte mich dieser Anblick ein klein wenig von der Wirklichkeit. Die kahlen roten Felsflächen und -hänge, dazu die Mischung aus Staubpiste, unterbrochen von rötlichem Katzenkopfpflaster, würzten eine gewisse Fernwehstimmung in mir. Erst in Wettin, bei einem wirklich zu empfehlenden Imbisshäuschen mit guter Aussicht und Sitzgelegenheit direkt an der Saalefähre, erlitt ich wieder Ernüchterung. Nichts Geringeres als Currywurst mit Pommes halfen mir dabei. Für jeden Vorbeiradler sollte dieser Imbiss ein Muss sein. Man kann dort wunderbar direkt an der Saale etwas zu sich nehmen, den Fährbetrieb beobachten und sich bei schlechtem Wetter sogar hineinsetzen. Hinter Könnern verließ ich die Saale, die sich noch bis dahin durch Auen mit rostroten Gesteinsbuckeln schlängelte, und bewegte mich langsam – auf dem stellenweise schlechtesten Pflaster der ganzen Tour – Richtung Aschersleben.

In der nachfolgenden Aufzählung der zurückgelegten Kilometer je Tagesetappe ist zu berücksichtigen, dass die Kilometerangaben lediglich einen ungefähren Wert darstellen. Wie anfangs erwähnt, gab mein Fahrradcomputer bereits am ersten Tag seinen Geist auf. Alle Kilometerangaben stammen von einem handelsüblichen Kartenmesser.

Tag 1: Dessau – nähe Schleiz: 32 km

2: nähe Schleiz – Wurzen: 60 km

3: Wurzen – Colditz – Waldheim – Kriebstein: 64 km

4: Kriebstein – Erdmannsdorf: 34 km

5: Erdmannsdorf – Annaberg Buchholz: 44 km

6: Annaberg Buchholz – Locket (Tschechien): 47 km

7: Locket – Mariánské Lázné: 62 km

8: Mariánské Lázné – Thiersheim: 67 km

9: Thiersheim – Issigau: 50 km

10: Issigau – Saalburg: 30 km

11: Saalburg – Porstendorf: 90 km

12: Porstendorf – Wüsteneutsch: 70 km

13: Wüsteneutsch – Aschersleben: 80 km

Gesamtstrecke: 734 km

Berechne ich zu dieser Strecke einen Anteil von 10 Prozent an Verfahrungen, komme ich auf 807,4 Kilometer zurückgelegter Strecke. Das macht im Durchschnitt 62 Kilometer pro Tag. Und wenn auf dieser, ich wiederhole nochmals und ausdrücklich, ungefähren Streckenlänge 100 Kilometer geschoben wurde, ist dies zwar auch nur geschätzt, aber keinesfalls übertrieben. Oder untertrieben?

Für den Tourerstling noch ein paar nützliche Tipps als Anhang:

An Gepäck schleppte ich eindeutig zu viel mit mir herum. Wegen der Probleme mit Nässe sollten unbedingt schnell zu reinigende und zu trocknende Mikrofaserunterwäsche und dergleichen Handtücher ins Gepäck. Das heißt drei Slips anstatt eines ganzen Packen und biologisch abbaubares Waschmittel dazu. Das Gleiche gilt für T-Shirts. Radlerhosen gibt es in verschiedenen Ausführungen. An meiner fehlten Taschen. Mehrmals am Tag bedauerte ich diesen Umstand. Jede Kleinigkeit, selbst das Taschentuch, musste ich nach Gebrauch im Hauptgepäck unterbringen.

In bewohnter Gegend reichen zwei 1,5-Liter-Wasserflaschen, vielleicht sogar die Hälfte. Denn außer Quellen, die es in unserer gemäßigten Klimazone sehr zahlreich gibt, kann man Wasser immer nachkaufen. Zur Not klingelt man irgendwo. Mit Wasser braucht sich hier jedenfalls keiner totschleppen. Micropur zur Wasserentkeimung ist aber auch in unserer Gegend keinesfalls unangebracht. Es nimmt wenig Platz weg und man weiß ja nie. Genauso sehe ich es mit dem Essen: Ein kleiner Notproviant für einen, maximal zwei Tage ist völlig ausreichend.

Als Lichtquellen sollte an batteriebetriebene und für Romantiker an wachsbetriebene gedacht werden. Mir genügten ein kleiner Handstrahler und eine Taschenlampe. Für unter 20 € erhält man regelrechte Lichtkanonen. Des Weiteren wäre an eine Stirnlampe zu denken. Ich hatte zwar keine dabei, aber dennoch würde ich keinem davon abraten. Die Batterien sollten neu sein. Das Mitschleppen von Batterien ist unnötig. Die Taschenlampe kann auch mal den Handstrahler ersetzen und umgekehrt erst recht. Selbst das kleine Radio spielte ohne Leistungseinbußen ganze Nächte durch. Das Angebot an Kerzen ist genau wie bei Taschenlampen schier grenzenlos. Wichtig ist nur, dass sie einen Schutz vor Wind haben. Eine gute reicht für zwei Wochen.

Die M65-Feldjacke hat bereits ihr Fett wegbekommen. Ein Regenponcho nimmt nur etwa ein Fünftel des Platzes in Anspruch und ist dazu noch wasserdicht.

Das billige Einwandzelt ist für den Sommer völlig ausreichend. Lediglich bei heftigen Regengüssen kam es an den Nähten und am Reißverschluss zu leichtem Wassereinbruch. Wer also ein solches hat, unbedingt vor Aufstellen die Wetterrichtung ausmachen. Ein weiterer Nachteil: Kondenswasser sammelt sich bei feuchtem Wetter unmittelbar an der Zeltinnenwand. Wer sich eingehend mit dem Thema Zelt befasst, wird alsbald feststellen, dass diese Probleme erst bei einigen Hundert Euro teuren Exemplaren aufhören. Diese sind dann umso schwerer und nicht selten Knallrot, -gelb oder anders auffällig. Mein leichtgewichtiges tarnfarbenes verschmolz mit dem Waldrand. Man darf nicht vergessen, Campen ist nicht überall gestattet! Und die Zeltheringe sollten unbedingt so beschaffen sein, dass diese auch in steinigen Boden geschlagen werden können. Abstriche in Bezug auf Komfort sollten bei einem Zeltimprägniermittel jedoch nicht gemacht werden. Ein Zelt, und sei es ein kleines, mit einem Pumpspray zu behandeln, ist eine sehr mühselige Angelegenheit. Hier sollte auf Treibgas gesetzt werden.

Wer sich beim Schlafsack für ein angenehmes Baumwollinlett entscheidet, tut nichts Falsches. Meiner, ein Pilotenschlafsack für nicht ganz 30 €, erfüllte seinen Zweck zur vollsten Zufriedenheit. Der Temperaturbereich liegt bei diesem Modell zwischen 0-20° Celsius. Allerdings sollten für das gute Stück weitere 10 € für einen passenden Kompressionssack investiert werden. Und wenn wir schon dabei sind, vielleicht noch einen kleineren Kompressionssack für den warmen Pullover für unterwegs. Des Weiteren braucht man für Zelt und Schlafsack einen gummierten, wasserdichten Sack, in den beides zusammen hineinkommt. Wer sein aufblasbares Kopfkissen zu Hause liegen gelassen hat, nimmt einfach zwei Rollen Toilettenpapier unter sein Haupt. Damit bin ich bestens zurechtgekommen. Und wer nicht pumpen oder pusten will oder einfach nur den Platz für die moderne selbstaufblasende Luftmatratze sparen will, muss sich mit einer Bundeswehr-Isomatte zufrieden geben. Diese gibt es in verschiedenen Ausführungen. Doch Vorsicht! Auf steinigem Grund verlieren diese einen Großteil ihrer Kompensationswirkung. Auch an Zurrgurte in verschiedenen Längen sollte gedacht werden.

Die zuletzt behandelten Dinge waren von grundsätzlicher Natur, ohne die man eine Tour kaum durchführen kann. Die folgend aufgeführten Dinge bringen nicht mehr als Erleichterung und etwas mehr Sicherheit.

Fangen wir bei dem Allerwichtigsten an, dem Rad. Wer meint, längere Touren nur mit Bikes bestreiten zu können, deren Wert dem eines Mopeds entsprechen, liegt falsch. Auch in so manchem Baumarkt findet man solides Gerät. Wichtig ist nur, dass der Anteil an Plastikteilen so gering wie möglich ist. Ich denke dabei insbesondere an die Bremsanlage und Pedalen. Bei Modellen um die 250 € sind oftmals Scheibenbremsen und moderne Schaltungen bereits vorhanden. Durch den enormen Konkurrenzdruck der Teileanbieter kann man davon ausgehen, dass alles sehr gut ausgereift ist. Insbesondere sollte man sich auch vor Augen führen: Ein Mountainbike aus dem Baummarkt ist eigentlich schon mehr, als man braucht. Erstens ist es von vornherein robuster als ein Tourenrad und zweitens wird es voll bepackt kaum zu einer steilen Abfahrt über Stock und Stein einem Downhill kommen. Einzig der Bequemlichkeit halber rate ich zu folgender Veränderung: Statt der normalen, harten Griffe sollten Softgriffe benutzt werden. Der bretthart Sattel sollte ebenfalls gegen einen guten, weichen ausgetauscht werden. Und der flache Lenker wird besser ein höherer; Lenkerhörnchen machen's natürlich auch. Ständig tief gebückt zu fahren, strengt an und man sieht auch weniger. Und wenn wir schon beim Sehen sind, darf ein Rückspiegel nicht fehlen. Ich hatte keinen dabei; sich ständig auf einem voll bepackten Rad auf befahrener Landstraße nach hinten abzusichern, ist ziemlich anstrengend. Und auf schmalen Pfaden mit Fußgängerverkehr ist die kleine Klingel unverzichtbar. Licht ist Pflicht! Na gut, wer im Juni unterwegs ist, kann diesbezüglich etwas schlamm-perln. Wegen des Gewichtes auf einen Dynamo zu verzich-ten, ist aber in heutiger Hinsicht auf einer Tour Unsinn. Gute Dynamos sind leichter als Batterieleuchten und auch zuverlässiger. In Bezug auf Sicherheit sollte man nicht allzu große Abstriche machen. Genauso gehört ein Erste-Hilfe-Set ins Gepäck. Apropos Gepäck! Bei Gepäckträgern gibt es große Unterschiede. Ich rate davon ab, dünne, aus Draht gebogene aus dem Baumarkt zu kaufen. Stabilität ist alles und die findet man wirklich nur im Fachhandel. Und wer einigermaßen handwerklich begabt ist, kann dann doch wieder in den Baumarkt und mit dem dort erhältlichen Befestigungsmaterial und ein wenig Werkzeug aus seinem Mountainbike einen echten Tourer machen. Zur allgemei-nen Ausrüstung empfehle ich noch einen Universalklapps-paten. Bei meinem versteckt sich sogar eine Säge im Griff. Kompaktwerkzeug ebenso. Meistens befindet sich so etwas bereits beim Fahrradwerkzeug. Für alle Fälle leistet eine Wasserpumpenzange nützliche Dienste. So gut wie jede Schraube oder Mutter lässt sich damit lösen. Und als letztes zur Sicherheit, ihr kläffenden, nichts ahnenden Stellvertre-ter eurer Herrchen vergebt mir, ein Pfefferspray.